W0393595

Le patron qui ne voulait plus être chef

Le patron qui ne voulait plus être chef

Alexandre GÉRARD

Flammarion

Mise en forme : Laurence Decréau
Suivi éditorial : Clotilde Meyer
Couverture : graphisme de Nicolas Weil
illustration de Artus de Lavilléon

© Flammarion, 2017.
ISBN : 978-2-0813-9190-1

À ma famille,
À mes proches,
À mes équipiers,
À tous les « colibris » qui œuvrent
pour nous ouvrir les portes du nouveau monde.

« Demain ne sera pas comme hier.
Il sera nouveau et il dépendra de nous.
Il est moins à découvrir qu'à inventer. »

Gaston BERGER

Première partie

Avant

1

La consécration

13 mai 2006

J'aime la fête : j'aime organiser de folles bringues, où, dans d'incroyables décors, la musique fait tomber les barrières entre les gens. Cracheurs de feu, bulles de savon, déguisements, magiciens, feux d'artifice… J'aime que la fête soit déjantée, qu'elle fasse rêver. Que les visages s'animent, que les yeux brillent, que les langues se délient, que les corps se libèrent à l'unisson. Pour s'exprimer, les peintres ont leurs couleurs et leurs pinceaux, les romanciers leur stylo, leurs héros. Mon truc à moi, c'est l'événement inoubliable, celui dont on se souviendra dans dix ans, dans vingt ans, et dont on se dira : « J'y étais ! »

Cette soirée, les gars et les filles de Chrono Flex ne sont pas près de l'oublier. Ni le fantôme de Vauban, s'il nous observe du recoin d'une échauguette… Les sardines s'embrasent, les cochons grillés tournent, entiers, sur leurs broches, les odeurs se répandent dans ce chef-d'œuvre d'architecture militaire, le Fort royal, aujourd'hui Fort national. Tandis que corsaires et forbans se battent à coups de ballons rouges et bleus en hurlant comme des gamins, les murailles multiséculaires vibrent au son de *Born to be alive*. Depuis l'enceinte, j'observe la mer qui nous cerne. Nous sommes seuls au monde. Je suis heureux, entouré de mes équipes enfin réunies, venues des quatre coins de l'Hexagone – sans compter les Martiniquais, les Suisses, les Italiens, les Espagnols… Vous ne dormirez pas, cette nuit, monsieur Vauban. Ni les Malouins, j'en ai bien peur. Dominant la baie de Saint-Malo, nous sommes ici quatre cents, et nous avons l'intention de profiter pleinement de ce moment d'exception.

Ce week-end, Chrono Flex fête ses dix ans.

Dix ans ! Tout à l'heure, sur la plage, fraîchement débarqués de leurs cars, mes invités l'ont dessiné, ce 10, pressés les uns contre les autres pour former un grand « 1 » suivi d'un grand « 0 », d'un A, d'un N et d'un S majuscules. Tous arboraient le même foulard rouge estampillé du même logo, signe de leur appartenance à une même famille qui, dix ans plus tôt, n'existait pas.

Cette famille, j'en ai choisi les membres un par un, les ai accompagnés, dorlotés, houspillés... Née à Nantes, elle a grandi comme dans mes rêves les plus fous, colonisant un à un les départements métropolitains avant de franchir les frontières, puis les océans. Aujourd'hui, Chrono Flex fait vivre trois cents foyers avec un métier qui, il y a dix ans, restait encore à inventer.

Je m'appelle Alexandre Gérard, j'aurai trente-six ans dans trois mois. Je suis l'heureux DG de cette jeune entreprise qui monte, monte, monte... Notre contribution à la marche de notre pays ? Le dépannage sur site de flexibles hydrauliques. *(Sourire)*. À moins de bosser dans le BTP, ça ne vous dit sans doute rien du tout. Les machines, vous connaissez. Excavateurs, chariots élévateurs, nacelles, collecteurs de déchets... Ce que vous savez peut-être moins, c'est que, pour fonctionner, ces engins utilisent la puissance de l'hydraulique. La moindre fuite, et c'est la panne. Et à la clé, l'immobilisation de la machine, de l'équipe, parfois même du chantier. Pour faire face, il existe désormais une solution : Chrono Flex. Dès que surgit la panne, partout en France, vingt-quatre heures sur vingt-quatre et sept jours sur sept, il suffit d'un coup de téléphone, et dans l'heure ou la demi-heure, un technicien déboule sur le chantier avec son unité d'intervention, véritable Samu du flexible. Grâce à son savoir-faire de mécano et à son véhicule-atelier, il vous remet votre machine en marche. Moins de deux heures après l'appel, c'est reparti !

Ces hommes qui sautent, dansent, crient et font la bringue autour de moi, parfois habillés en pirates, sont donc, pour la grande majorité d'entre eux, nos « Techs », les forces vives de la boîte. Sautant, dansant, criant aussi fort qu'eux, déguisés ou pas, vous trouverez, pêle-mêle, les hommes et les femmes qui travaillent dans nos bureaux, de la DRH au gestionnaire des stocks, du directeur financier à la standardiste, quelques-uns de nos dix mille clients… et les membres de ma famille. Difficile de deviner qui est qui : chez « Chrono », le goût de la fête est notre gène commun. Ce soir, il n'y a pas de hiérarchie qui tienne. Un seul objectif : vivre ensemble un moment de folie.

Tout à l'heure, sous le grand chapiteau blanc monté sur la place forte, j'animerai notre grand-messe, la grand-messe des dix ans. J'en repasse mentalement les étapes – cinq grands actes, ponctués d'interventions de tous, de projections de films, de photos, de musique. J'y retracerai l'histoire de notre aventure commune, depuis le premier jour – le tout premier camion… le tout premier bon de livraison… le tout premier papier dans la presse… Jusqu'à aujourd'hui : 75 000 dépannages annuels, 300 salariés, quatre fois le tour de la terre en kilométrage chaque semaine – des chiffres qui en disent long sur le chemin parcouru. Pour conclure sur notre nouveau challenge : « 1 000 véhicules en Europe », avec cette petite phrase pour nous guider dans notre ascension : « Savoir où nous allons, sans jamais oublier d'où nous venons. »

Un mantra inventé pour la boîte, qui prend soudain une résonance particulière dans ce lieu chargé d'histoire. Et me renvoie à la mienne, au chemin parcouru depuis les bancs du collège…

Du carcan scolaire à l'entrepreneuriat

Il y a plusieurs catégories de « patrons ». Ceux des grandes écoles, déjà bons élèves au premier biberon, nourris au lait des équations et de l'économie, de la finance, du marketing et des théories du management. Ceux qui ont eu, un jour, « la » bonne idée. Enfin ceux qui, possédant un métier, ont peu à peu gravi les échelons jusqu'au sommet et règnent désormais sur leur boîte. Une certitude : je ne m'inscris dans aucune des trois.

Jusqu'à près de vingt et un ans, j'ai piétiné avec une rare persévérance dans une catégorie peu réputée pour mener au succès, celle des mauvais élèves, des trublions juste bons à s'emparer de tous les interdits pour les transgresser illico. J'ai même réussi le coup de force de me faire rétrograder en quatrième après un trimestre de troisième, pour finir mon année scolaire chez les curés, à Saint-Michel des Perrais. Cinquante gars par dortoir, deux douches par semaine, quelques nuits à copier des lignes jusqu'à ce que l'auteur de telle ou telle bêtise se dénonce au pion... En me faisant passer par la case « pensionnat », mes parents espéraient me remettre sur le droit chemin. Ils ont été servis : la première année, je totaliserai quarante-six heures de colle – pas mal, mais loin des records enregistrés. Impossible de faire le mur, nous étions en pleine campagne. Ça ne m'empêchera pas de fumer à treize ans mes premières cigarettes, et de boire à quatorze mes premiers Malibu. Trois ans plus tard, je redoublerai brillamment ma première dans un lycée privé de Laval, retrouvant sur les bancs de la classe mon petit frère, de deux ans mon cadet. Mon bac ? Si je l'ai décroché, ce fut in extremis, au rattrapage, après l'avoir raté une première fois.

Bref, j'étais un de ces élèves dont il semble qu'il n'y ait rien à tirer. Certains, aujourd'hui, s'en étonnent. Comment une aussi folle addiction au travail, une manie aussi aiguë de la rigueur et de la précision, une telle obsession de la perfection ont-elles pu germer sur un terrain aussi peu propice ? Sans vouloir jeter la pierre à notre système éducatif, force m'est de reconnaître qu'il ne me convenait pas – comme à bien d'autres, d'ailleurs. Pendant près de vingt ans, j'ai subi l'école. C'était pour moi le haut lieu de l'absurdité, de la liberté confisquée. Incapable de comprendre l'utilité des enseignements qui m'étaient dispensés, j'y voyais de surcroît un obstacle à toutes mes envies. Envie de m'amuser, bien sûr, en faisant la java avec mes potes, mais pas seulement. Depuis l'âge de quatorze ans, j'étais porté par une certitude : un jour, je monterais ma boîte. Pour y faire quoi ? Je n'en avais aucune idée. Écumant la CCI de Laval, je collectionnais les fascicules sur les différents statuts d'entreprise, achetés avec mon argent de poche. Au fond de moi, je le sentais confusément : un jour, je servirais « une mission plus grande que moi ». Un livre me marquera durant cette période : *Le Roi vert*, de Paul-Loup Sulitzer, où se conjuguent ivresse d'entreprendre, passion du voyage et idéalisme, en la personne d'un chef d'entreprise surdoué s'engageant pour la cause des Indiens. Autant d'aventures grisantes, si éloignées de mon quotidien à l'école !

Tout étant bon pour m'échapper du carcan scolaire et goûter au plaisir d'entreprendre librement, je mettais à profit mes moments de loisir, officiels ou volés, pour vivre enfin à mon idée. Passionné par la mer – originaires de Laval, nous passions toutes nos vacances à Saint-Lunaire, petite station balnéaire à deux pas de Saint-Malo –, je dessinais des bateaux. À dix-sept ans, je déposai un brevet d'invention pour un système de redressement autonome de multicoques. Nombreux sont les catamarans de course qui chavirent ; nantis de mon beau dispositif, ils pourraient se relever et repartir. L'été, je bossais dans la banque lavalloise où mon père était employé. Puis, trouvant plus folichon de promener mes espadrilles à Saint-Lunaire, me voilà créateur d'une collection de tee-shirts que je m'en vais vendre sur les marchés de la Côte d'Émeraude : « Propriété privée », « Chasse gardée », arboraient les filles du coin qui avaient bien voulu prendre le concept avec humour. Ces petits boulots me permettaient de financer mes nombreuses virées nocturnes à La Chaumière, ma boîte de nuit préférée. Mais mon souvenir le plus marquant restera ce job de gardien de camping qui m'a occupé trois étés de suite, à Saint-Lunaire. Quinze heures de travail par jour, allant du nettoyage des chiottes, le matin, aux tours de garde, la nuit, en passant par l'accueil, la résolution des mille et une petites catastrophes qui rythment la journée du campeur moyen… J'étais à mon affaire, à baragouiner toutes les langues et à bricoler des solutions miracles. Le peu d'anglais que je possède me vient de là, bien plus que de mes cours au lycée. Et ce n'est sûrement pas sur les bancs de l'école que j'ai acquis le sens de la débrouille, la réactivité qui m'ont été si utiles depuis.

Après mon échec au bac, à près de vingt ans, mes parents ont changé de stratégie. Puisque, décidément, toute coercition semblait vouée à l'échec avec moi, en désespoir de cause ils ont joué leur va-tout en décidant de me responsabiliser. Je redoublerais ma terminale à Nantes, en toute liberté. Livré à moi-même dans un appartement, en coloc avec un copain et un cousin, j'ai réussi tant bien que mal à décrocher mon bac. J'ai intégré dans la foulée une école de commerce locale, où j'ai enfin acquis les outils nécessaires au métier dont je rêvais depuis six ans. Ce métier que j'exerce aujourd'hui : entrepreneur…

Lumières sur la baie

La fête bat son plein dans la fraîcheur de la nuit bretonne. Rajustant mon tricorne de corsaire posé de guingois, j'invite nos invités à sortir de la tente chauffée à blanc. Puis je me hisse avec ma femme sur le mur d'enceinte. Soudain, une détonation, et la gerbe jaillit, rouge, immense, au-dessus de la mer, accompagnée d'un « oh ! » poussé à l'unisson par quatre cents poitrines. Une autre suit aussitôt, blanche cette fois, en forme de palmier géant… La baie de Saint-Malo tout entière s'illumine.

Non, fantôme de monsieur Vauban, vous ne rêvez pas. Pour fêter les dix ans de notre PME vouée au « dépannage sur site de flexibles hydrauliques », nous avons bel et bien organisé ce feu d'artifice géant tiré sous les murailles que vous avez construites. Et n'allez pas crier au sacrilège : cette côte, cette baie et ces îles, Grand Bé, Petit Bé, Harbour, Cézembre, la Conchée, je les connais par cœur pour y avoir tant et tant navigué, et pêché, et nagé, avec mes parents, mes copains, mes enfants. Je suis un gars d'ici.

Pourquoi, me direz-vous, n'avoir pas conçu cette fête dans le pays nantais, où je réside désormais avec toute ma famille, où siège Chrono Flex ? Parce que mes racines sont ici, sur cette

Côte d'Émeraude que j'ai sillonnée toute mon enfance à pied, à vélo, en dériveur. Parce que c'est ici que j'ai appris à rêver, à regarder plus loin, vers ce large lointain d'où arriva un jour un saint nommé Maclow, et qui appela vers ailleurs Jacques Cartier, Surcouf, Duguay-Trouin. C'est à leurs histoires si belles à raconter, c'est à leurs aventures que je dois mon envie d'oser imaginer et d'oser entreprendre.

Tandis que le bouquet final crépite dans la nuit, je contemple les visages heureux de mes équipiers réunis. Dix ans, ce n'est que le début. L'avenir nous appartient. Longue vie à Chrono Flex…

2

La conquête

Coup de foudre

Entre les flexibles hydrauliques et moi, c'est une drôle d'histoire d'amour.

Tout commence par un coup de foudre pour une jolie blonde pétillante, Stéphanie. Nous nous sommes rencontrés sur le circuit Paul-Ricard, dans les collines entre Marseille et Toulon. Passionné de compétition automobile, son père, Jean-François, courait dans une équipe que j'avais aidé à constituer. Ce jour-là, il a eu la bonne idée de venir avec femme et enfants… Stéphanie était là. Très vite, nous avons décidé de vivre ensemble.

J'ai vingt-deux ans et dans ma tête, mon chemin est déjà tout tracé. Dès que j'aurai réuni les 50 000 francs nécessaires, je monterai ma boîte de communication pour y inventer les événements les plus fous, les plus inimaginables. L'idée s'est imposée en novembre 1993 : comme tout le monde, j'ai vu Act Up habiller d'un préservatif géant rose fuchsia l'obélisque de la Concorde. Un coup de comm' de génie ! Cinq cents francs de tissu, une nuit en garde à vue, et quel impact ! Des générations en resteront marquées. J'avais trouvé ma voie : celle du « waouh effect », des idées délirantes qui marquent les esprits. En attendant, je n'ai pas un centime devant moi. Il me faut donc trouver un job pour rassembler le capital qui me permettra de créer ma boîte. C'est ainsi qu'en septembre 1995 je convaincs un chef d'entreprise de Parthenay de me recruter. Sa spécialité : communication et animation dans les grandes surfaces. Ce n'est pas le Pérou, mais déjà un premier petit pas vers ma boutique… Nous convenons d'une embauche en novembre pour ouvrir une antenne à Nantes. Ce qui me laisse trois grands mois de liberté.

C'était compter sans les hasards de la vie. Ce hasard facétieux qui veut que mon beau-père, Jean-François, à l'instar de son gendre, soit habité par le démon de l'entrepreneuriat. Bien qu'il compte déjà à son actif plusieurs entreprises, notamment dans le BTP, Jean-François s'est lancé au début de l'été dans une nouvelle activité avec deux copains. Puisque, dans les trois mois qui viennent, je suis disponible, ils me proposent de leur donner un coup de main. Trois mois : c'est juste ce qu'il faut pour étudier en détail le dossier et monter un business plan.

L'idée est la suivante. Les machines de chantier qui ont besoin de puissance utilisent l'hydraulique : l'huile sous pression est amenée aux différents composants par des tuyaux flexibles. Lorsqu'un flexible lâche, la machine s'arrête, et avec elle l'équipe. Pour réparer, il faut démonter le flexible et se rendre sur un comptoir afin de le faire refaire à l'identique. La machine est alors souvent immobilisée pendant plus de quatre heures. Or les arrêts de chantier coûtent très cher... Leur idée ? Amener la solution au problème directement. Un véhicule-atelier conduit par un mécanicien arrive sur le chantier en urgence ; le mécano démonte, fabrique et remonte le flexible *in situ.* Résultat : on limite l'immobilisation à deux heures en moyenne. Soit 50 % de gagné sur le coût causé par l'arrêt de la machine. Ils ont déjà acheté un premier camion, recruté un mécanicien, Joël. Alors ?

Alors... Pourquoi pas. Ce n'est pas que les flexibles hydrauliques me fassent grimper aux rideaux. Jusqu'à ce jour, j'ignorais même qu'ils existaient. Quant au BTP… On est loin des préservatifs géants ou des danseuses à paillettes (quoique…). Mais leur aventure est intéressante, et rendre un petit service à mon beau-père me fait vraiment plaisir. Je fonce.

Trois mois sur les chapeaux de roues

Le business plan, c'est le B.A.-BA de l'entrepreneur. Le point de départ : une intuition, une supposée bonne idée. Le point d'arrivée : les projections financières de votre entreprise qui n'existe pas encore. Il suffit de se poser les bonnes questions. Quel marché ? Quelle vision ? Quels éléments différenciants propres à nous démarquer de nos concurrents ? Quel positionnement en matière de prix ? Quelles équipes ? Quelle organisation ? Quelles ambitions ? Ma chance est double : je suis passionné par l'entrepreneuriat auquel je me prépare depuis des années, et je ne connais rien à ce marché. Tout m'est donc matière à questionnement, ce qui constitue un vrai avantage. Au fil des semaines, un axe se dessine, de grands principes émergent :

- un service de dépannage 24/24 et 7/7 ;
- un réseau de véhicules présents partout pour arriver dans l'heure ;

- un numéro de téléphone national ;
- une prise en charge totale par l'entreprise entre l'appel du client et le redémarrage de la machine ;
- une qualité de service inégalable.

Au terme des trois mois, mon dossier est bouclé, prêt à être soumis à Jean-François, Dominique et Pascal. Je me suis régalé : visites de chantiers, calcul des délais d'immobilisation réels, stage à la Fédération française de la franchise dans l'hypothèse où le développement du réseau se ferait par le franchising, rencontre d'un confrère en Angleterre, de fournisseurs potentiels, étude des solutions de communication mobile (nous sommes en 1995)... Trois jours avant de faire mes premiers pas de salarié dans l'agence qui m'a recruté, je me prête donc devant mes mandataires à l'exercice de présentation, quelques transparents à l'appui. Après m'avoir patiemment écouté et un peu cuisiné, ils me demandent de sortir de la pièce. À mon retour, ils m'interpellent : « Nous avons bien envie de développer ce business, mais nous avons chacun nos entreprises à gérer. Accepterais-tu de prendre la boîte en charge ? » Et là, c'est le ciel qui me tombe sur la tête. Moi, diriger leur boîte ? Mais ce qui m'intéresse, c'est la communication événementielle ! Et, pour ce que j'en ai vu, en travaillant dans le BTP, je risque fort de me retrouver alcoolo et bedonnant à quarante ans... Surtout, avec mon besoin jaloux de liberté, si je travaille avec mon beau-père, je ne suis pas sûr que notre jeune couple parte sur de bonnes bases ! À l'heure où j'écris ce livre, vingt ans plus tard, je me demande encore si ma vie, ce jour-là, s'est jouée sur un simple coup de dés, ou si, finalement, tout cela n'allait pas de soi.

La nuit porte conseil. Le lendemain, j'ai répondu : « Banco. »

Oui, je renonçais (temporairement) à l'événementiel. Oui, j'acceptais de troquer les paillettes contre la boue des chantiers. Oui, je plantais un employeur qui m'avait fait confiance pour me retrouver lié à mon beau-père.

J'avais désormais un terrain de jeu ; j'allais pouvoir m'exprimer totalement.

À la guerre comme à la guerre

Et l'aventure commence... dans une baraque de chantier. Les trois compères me proposent d'installer mon bureau dans un vieux cabanon, chez l'un d'entre eux. Impossible d'abord d'ouvrir la porte, le joint est fondu. Mais, après une visite au supermarché du coin où je m'arme d'un seau, d'une serpillière et de détergent, et avec un peu d'huile de coude, mon palace est bientôt prêt. Je suis officiellement embauché le 2 janvier 1996. Ce jour-là, dans ma hâte d'en découdre, j'écope d'un PV pour excès de vitesse en me rendant au bureau. C'est dans ce bungalow que je fais mes premières armes de patron, grelottant en hiver, rissolant en été, comme nos clients sur les chantiers. Avec Joël, d'abord, puis les nouveaux techniciens qui nous rejoindront, petit à petit, nous transformons le projet en réalité. Il nous faut définir le profil de nos futures recrues ; imaginer la formation que nous leur dispenserons ; construire les processus opérationnels permettant d'assurer un service 24h/7j ; choisir les fournisseurs ; mettre en place le système d'information, le tout en développant notre portefeuille de clients et en assurant déjà les dépannages qui nous sont confiés... Si le savoir-faire de mes nouveaux employés assure la qualité de la partie technique, presque tout le reste m'incombe, et je mets les bouchées quadruples, sur le pied de guerre de l'aube à la nuit largement tombée. Le travail d'éducation du marché, notamment, est colossal. Calculette en main, il faut expliquer à chacun de nos clients potentiels que notre service peut à terme lui faire gagner de l'argent, même si le coût immédiat est important.

« Fais vite », « Sois parfait » : guidé par ces messages contraignants – ce que l'analyse transactionnelle appelle des *drivers* –, je galope avec mon équipe. Très vite, j'ai embauché trois gars supplémentaires : partant du secteur « Nantes », j'ai élargi à Saint-Nazaire, puis Rennes, puis Angers. Et, un peu plus tard, La Roche-sur-Yon, grignotant peu à peu les départements limitrophes. Quatre camions, quatre Techs : un début de flottille, dont je suis fier d'être le jeune capitaine. Soucieux de proposer le meilleur service possible et grisés par l'aventure collective, nos techniciens s'engagent avec passion, sans compter leurs heures. Après la journée de boulot, ils doivent encore rédiger à la main les bons d'intervention, faxer les infos au bureau pour engager la facturation. Sans parler du nettoyage du camion, des réapprovisionnements et des gardes de nuit. Pour m'assurer que personne ne s'avise de flâner en route, j'imagine des fiches d'activité où chacun représente graphiquement ses journées (visites, interventions, réappro...) ; ajoutez-y le chronotachygraphe installé dans les véhicules, comme chez les routiers, et me voici en mesure de tout contrôler. Ce niveau d'exigence n'empêche pas la rigolade. Nous formons une équipe du tonnerre. Des amitiés se nouent, nous partageons – déjà – des moments festifs, qui aident tout le monde à tenir le rythme et à supporter la tension.

Côté chiffres, nous comprenons vite qu'il faut six à huit mois pour rentabiliser un nouveau véhicule. Le besoin de cash est très important. Heureusement, nos actionnaires croient en nous et nous accompagnent. Sans sourciller, ils réinjectent régulièrement les finances nécessaires à notre développement…

Patron, pour de bon !

À partir de quand un artisanat devient-il une industrie ? Difficile de le dire. Si l'on adopte le critère géographique – ce moment fatidique où une entreprise locale se met à essaimer ailleurs, à des centaines de kilomètres –, c'est chose faite, pour nous, dès 1997. Comme toujours, tout est affaire d'occasion. Notre réseau régional fonctionnant désormais, je me trouve face à une alternative : continuer d'élargir notre champ d'action sur le mode « tache d'huile », ou d'emblée passer à un modèle de gestion à distance. Il se trouve qu'à Avignon un énorme chantier se met en place, celui du TGV, qui s'étendra de 1998 à 2001.

Qui dit chantier géant dit machines, et donc pannes de flexibles… J'ai là une opportunité de tester notre organisation à distance et de vérifier que notre dispositif est duplicable à l'infini. En ce qui concerne la partie financière, nous tentons une première solution : la franchise. En d'autres termes, proposer à des mécanos de monter eux-mêmes leur affaire en leur donnant notre marque, notre savoir-faire, moyennant le paiement d'un droit d'entrée et d'un pourcentage sur leur chiffre d'affaires. Séduisante sur le papier, l'idée trouve vite ses limites, car les mécanos disposant de 200 000 ou 300 000 francs à investir ne sont pas légion ! Exit l'idée de franchise. Autre formule possible : nous acoquiner avec des concessionnaires dans le BTP afin de n'avoir pas à investir dans les camions et l'outillage des techniciens. Nouvelle désillusion : la gestion d'un réseau fragmenté s'avère trop compliquée et inefficace. Nous n'avons plus le choix. Si nous voulons grandir, il va falloir y aller nous-mêmes. Entendez : monter de nos propres deniers une vraie flotte, avec tout son équipement, et salarier nos techniciens. Les apports de mon trio d'actionnaires, quelle que soit leur bonne volonté, n'y suffiront pas. Il faut passer à la vitesse supérieure et ouvrir notre capital à des financiers.

Ce virage marque une étape importante dans notre histoire. Sans doute est-ce à ce stade que je suis, pour de bon, devenu un « patron ». Pendant un an et demi, dans ma petite baraque de chantier, j'avais mis sur pied avec un trio d'amis – dont mon beau-père – une entreprise locale de dépannage. Au fil des embauches de techniciens, j'avais élaboré mon mode de management, curieux mélange d'exigence absolue et de lien affectif. À présent, il s'agissait de tout autre chose : les banquiers entraient dans la danse.

Comme les flics, ils sont arrivés à deux, Crédit mutuel et CIO. À raison de 23 % du capital chacun pour mon beau-père et Dominique, nous conservions la majorité. « Nous », car je devenais actionnaire de la boîte dans le même temps, avec 4 % du capital – merci Beau-Papa... Nous pouvions déployer nos ailes. Adieu, le bungalow sur son coin de parking ! Âgée d'à peine un an et demi, notre jeune entreprise migre dans un grand hangar équipé de trois bureaux où nous faisons figure de lilliputiens. Pour masquer le vide aux clients de passage, nous en sommes d'abord réduits à tricher, en disposant de grands racks de biais. Mais, très vite, l'entreprise décolle, doublant de taille chaque année. En 1998, nous fêtons notre dixième département. J'embauche à tour de bras, bientôt épaulé de deux cadres :

Bernard, à la technique, qui s'occupe entre autres d'aménager les camions ; Dominique, côté commercial, qui assure par ailleurs la gestion des hommes sur le terrain. Quarante-cinq ans chacun… À côté de ces gars à la solide expérience, il n'est pas rare qu'on me prenne pour le stagiaire. Loin de m'en offusquer, je m'en amuse. J'ai beau n'avoir que vingt-huit ans, je suis bel et bien le DG. L'anecdote qui suit en apporte plaisamment la preuve.

Chrono Flex

Novembre 2001. Un huissier débarque sans crier gare dans notre hangar frisquet pour nous faire cette annonce ahurissante : nous avons quarante-huit heures pour changer de nom. Nous savons très bien d'où vient le coup : un de nos concurrents, jaloux de nos succès, prétend nous empêcher de garder notre marque sous des prétextes fallacieux mais néanmoins recevables sur le plan judiciaire, et vient de l'emporter en cour d'appel. Les juges ignorent-ils qu'on ne peut changer de nom qu'en assemblée générale et que le délai de convocation est de vingt et un jours ? Impossible de s'exécuter en quarante-huit heures. Pire : nous sommes astreints à verser 1 000 francs de dommages et intérêts par jour et par constat de non-respect de nos obligations. Traduction : si notre confrère mandate un huissier au chevet de chacun de nos 70 véhicules de l'époque, c'en est fini de nous !

Le coup est rude. Que dis-je : c'est la cata… Changer de marque ? Ben voyons. Autant demander à un pays de changer de drapeau. La marque, le logo, c'est le visage de l'entreprise, son capital symbolique. C'est son existence sur le marché. D'accord, nous avons déjà troqué notre premier nom – Assistance Flexible, imprononçable ! – contre celui de Flex'Cible, que nous arborons à présent. Mais, à l'époque, nous démarrions à peine, et personne ne nous connaissait. Aujourd'hui que nous avons conquis nos galons, voilà qu'on vient nous les arracher ! Quarante-huit heures ? Pour effacer sur les camions, sur les papiers officiels, toute trace de notre logo ; pour inventer un nouveau nom ; pour l'inscrire sur les carrosseries, l'imprimer sur l'en-tête de notre papeterie ? C'est une plaisanterie ! Déjà, comme toutes les entreprises de France, nous ne savons plus où donner de la tête pour préparer le prochain passage à l'euro… J'enrage !

Mais les catastrophes ont cet avantage de renforcer la solidarité et d'attiser la créativité. On resserre les rangs et on cherche une solution.

Après une vaine tentative pour négocier le rachat du nom, c'est décidé : puisque nous n'avons pas le choix, pourquoi ne pas transformer en atout ce coup de Jarnac ? Nous changerons de marque, puisqu'il le faut. Et nous en profiterons pour trouver un nom qui claque encore mieux, en sollicitant l'imagination de tous les salariés. Impossible en quarante-huit heures ? En effet. Eh bien, nous nous donnerons deux mois, pour renaître de nos cendres le 1er janvier : nouveau logo, bonjour l'euro !

Appel est fait à tous nos gars : le soir même, il faut retirer le nom des camions ! Munis du sèche-cheveux familial, tous passeront une bonne partie de la nuit à faire disparaître les logos. Nous ne distribuons plus de plaquettes commerciales ni de cartes de visite, nous supprimons le nom « Flex'Cible » des messageries téléphoniques, nous ne le mentionnons plus au standard. Seules les factures resteront en l'état... Mais il y a peu de risques qu'elles tombent entre les mains de nos concurrents.

Et pendant ce temps, pas question de jouer profil bas. Nous remplacerons notre logo par un splendide point d'interrogation. Mieux – j'en souris d'avance : durant deux mois, chaque Tech inscrira sur sa carrosserie, sous le point d'interrogation : « J – 60 » puis « J – 50 », « J – 40 », etc.

J'achète dans le même temps deux surcouvertures dans la presse spécialisée. Sur le visuel : un camion avec un gros point d'interrogation, et cette inscription : « J – 30, le n° 1 du flexible hydraulique prépare l'avenir… » C'est tout ! Un fameux teaser, ou je ne m'y connais pas.

Aujourd'hui, cet épisode fait partie de la légende. À chaque grand anniversaire de la boîte, nous l'évoquons avec les yeux brillants des anciens combattants. Il en dit long sur mon mode de management d'alors : lancer à l'équipe des défis insensés en la galvanisant. Standardistes, techniciens, comptables : quelle émulation dans cette chasse au nom ! L'équipe s'en est trouvée soudée mieux que par n'importe quel artifice de management. Ensemble, nous sauvions notre peau. Ces nuits blanches des Techs à apposer notre nouvelle bannière – Chrono Flex, vous l'aurez deviné… – sur les carrosseries, tandis que le service informatique fignolait le passage à l'euro, ceux qui les ont vécues les rangent aujourd'hui parmi leurs plus beaux souvenirs. Nous étions une famille. J'en étais le chef atypique : exigeant, impatient, un peu fou. Ces trois qualités – ou peut-être défauts ? –, j'avais alors la conviction qu'elles étaient le moteur qui nous ferait monter très haut…

3

Osons, Innovons, Inov'On

Progresser

Passionné par l'innovation, j'ai toujours un pied dans le futur. La routine m'ennuie, le sur-place m'angoisse, j'aime que tout soit à construire et à créer. Je ne conçois notre entreprise que dans le mouvement : la seule chose pérenne, ici, c'est le changement – un changement vers le « toujours mieux », évidemment ! Moi qui suis curieux de tout, pourquoi m'être enfermé dans ce secteur si sexy du dépannage sur site de flexibles hydrauliques ? Drôle d'idée, à première vue. Et pourtant… la suite a montré que c'était un parfait terrain de jeu pour assouvir mon appétit de nouveauté. D'abord, le job dans lequel je me suis lancé n'existant pas, j'y avais tout à inventer – y compris des ouvertures du cœur de métier vers d'autres activités. Ensuite, la perfection n'existant pas non plus, il est toujours possible de mieux faire. Enfin, dans un monde qui change de plus en plus vite, rien n'est jamais acquis. Et pour rester dans la course – a fortiori pour la faire en tête –, il faut évoluer aussi, sans cesse.

La réussite de Chrono Flex a d'emblée reposé sur quelques paramètres-clés : il fallait répondre vite aux appels des clients ; les satisfaire pleinement par un dépannage rapide et efficace. Ce qui pose une multitude de questions. Quand un client appelle, comment identifier le technicien le plus proche du site à dépanner ? Comment éviter qu'il ne perde un temps précieux à errer dans des chemins de traverse pour atteindre le chantier ? Comment savoir si le technicien est libre, et sinon quand il le sera ? Comment connaître en temps réel les pièces qu'il a utilisées, pour le réapprovisionner aussitôt ? Comment concevoir le véhicule le mieux adapté possible à notre métier : pratique pour travailler sur place – un atelier doit y être intégré ; assez solide pour durer longtemps, assez léger pour ne pas se traîner sur la route, épuiser le moteur et payer de monumentales factures de carburant ?

Autant de questions, autant de défis à relever. J'ai pour principe de ne jamais admettre pour définitives les solutions existantes : il y en a probablement de meilleures. Des solutions plus récentes, inédites ou totalement différentes. Pour identifier le nouveau, il suffit d'être à l'affût des dernières avancées. C'est ainsi que, dès 1998, nous sommes les premiers à faire le choix de l'informatique embarquée. Les pionniers que nous sommes découpent alors artisanalement des emplacements dans les sièges des véhicules pour y insérer des écrans, au préalable rendus tactiles par un système de films contrecollés, le tout fonctionnant grâce à un convertisseur 220 V branché sur la batterie ! Puis nous attendons avec impatience l'arrivée de la data et des GPS…

L'installation de boîtiers GPS sur tous nos véhicules changera la vie de nos techniciens : géolocalisation par le centre d'appels, meilleure évaluation des délais d'intervention, envoi quasi en temps réel des rapports d'intervention et des factures, lancement immédiat des demandes de réapprovisionnement… Mais encore faut-il les monter, ces boîtiers, et en France personne ne fait ça. Persuadé que cette innovation a vocation à s'imposer très rapidement, je fais le choix de procéder en interne. C'est un nouveau métier ? Qu'à cela ne tienne : nous l'apprendrons, en recrutant l'équipe ad hoc. On n'est jamais si bien servi que par soi-même. Et, tant qu'à faire, puisque nous serons les premiers à posséder ce savoir-faire, nous en ferons plus tard profiter les autres… moyennant rétribution, cela va de soi. C'est ainsi que Chrono Watt, petite entreprise dédiée au post-équipement électrique sur site, verra le jour en 2007. Outre les boîtiers GPS, nous installons des caméras de recul, des détecteurs de lignes à haute tension… sur des machines aussi variées que des voitures de luxe, des camions de pompiers ou des engins de travaux publics.

Innover, c'est aussi s'inspirer de ce qui se fait ailleurs, dans d'autres domaines. Conçus en 1996, nos véhicules-ateliers pèsent leur poids et se révèlent, à l'usage, assez peu pratiques avec leurs étagères et leurs planches de bois. De plus, nous nous refusons à dépasser les 3,5 tonnes : au-delà, nous serions contraints de recruter des chauffeurs dotés d'un permis poids lourd. Comment alléger nos véhicules sans nuire à leur solidité et améliorer du même coup leur ergonomie ? Christophe, notre responsable technique, a eu sur ce dossier une idée de génie, d'autant plus séduisante à mes yeux qu'elle s'inspirait d'un milieu que je connais bien, aux antipodes des flottes terrestres : celui de la navigation. Solidité, légèreté, facilité de l'usinage – c'était une excellente intuition d'aller chercher du côté des bateaux la solution à nos problèmes ! Finis les assemblages divers : une cellule monobloc, et le tour est joué ! Grâce à la technique de l'infusion, qui consiste en une injection de résine sous vide, nous gagnerons, selon les véhicules, entre 60 et 160 kilos par rapport aux procédés de fabrication traditionnels. Nous voilà donc, en 2010, dotés d'un modèle de véhicule sur mesure révolutionnaire, fruit d'une belle collaboration au sein de l'entreprise. Après l'avoir confiée à un sous-traitant, qui finira par déposer le bilan, nous optons pour une fabrication en interne, ajoutant un nouveau métier – et donc de nouveaux recrutements – à notre panoplie déjà fournie. Avec en tête, naturellement, de vendre ensuite notre savoir-faire à qui voudra... C'est ainsi que Chrono Box, née pour répondre à un besoin interne, s'ouvre désormais à des marchés extérieurs.

Toute innovation n'a évidemment pas vocation à donner naissance à une entreprise. Certes, Chrono Link, créée en 2007, développe des logiciels d'optimisation de flottes itinérantes sur le modèle de notre propre système d'information, grâce à une petite armada de jeunes informaticiens « maison ». Mais d'autres idées, telle la flotte de motos d'intervention lancée en 2005, ne serviront que nous... Quoi qu'il en soit, le dépannage sur site de flexibles hydrauliques donne et donnera encore longtemps largement matière à innover !

Entreprendre

Entreprendre, c'est innover, donc. Mais c'est aussi pour moi, depuis toujours, « créer », et pouvoir assumer librement, de bout en bout, la responsabilité de ma création. Or, si grisante qu'elle fût, l'aventure Chrono Flex n'était pas tout à fait la mienne. D'abord, l'idée ne venait pas de moi. En outre, je ne possédais que 4 % des parts et je voyais mal comment devenir, dans un avenir proche, l'actionnaire de référence, bien que ce fût mon vœu le plus cher. Impossible de racheter des parts : victime de mon succès, j'avais fait monter le capital de ma boîte de 50 000 francs au départ, en 1996, à 2,4 millions d'euros en 2002. Je me trouvais exclu de la course en raison d'un paradoxe infernal : plus je bossais et moins j'aurais les moyens de racheter l'entreprise. Si je voulais devenir actionnaire de référence, patron de ma boîte, là, tout de suite, je devais en créer une autre.

Cette entreprise, « ma » première entreprise, pourrait-on dire, est la seule que j'aie fondée sans que son activité s'impose à moi d'emblée – que ce soit pour répondre à un besoin de développement ou à une de mes envies. Son existence repose sur un calcul tout rationnel. Quel type de fonctionnement souhaitais-je mettre en place ? Primo, je ne voulais m'adresser qu'à des entreprises (en « business to business ») ; secundo, le système devait être récurrent, afin que l'engagement de mes clients se prolonge automatiquement – un abonnement, donc ; tertio, la prestation que je vendrais, quelle qu'elle fût, devait être susceptible d'intéresser un grand nombre d'entreprises. En bref, je voulais m'assurer le marché le plus large possible, avec l'investissement en temps minimal : j'avais déjà une boîte à faire tourner, ce qui m'occupait largement...

L'idée s'est imposée très vite : un service d'achats partagés. En 2000, beaucoup d'entreprises sont trop petites pour avoir une puissance d'achat suffisante, ce qui les empêche de négocier de bons prix avec les fournisseurs. En réunissant un grand nombre d'entre elles, je leur permettrais d'obtenir des tarifs comparables à ceux d'un grand groupe, moyennant un abonnement – entre 800 et 1 500 euros par an – et une petite rétrocommission des fournisseurs. Grâce au montage que je crée avec trois de mes associés de Chrono Flex et un financier que nous dénichons, me voilà à la tête de la majorité du capital. Il y eut quelques tâtonnements avant de trouver le bon modèle économique. En 2002, Cité Achat se subdivise en deux entités, Marge Up et Malicité, qui compteront ensemble jusqu'à 50 personnes. En 2012, Malicité est vendue au n° 1 du secteur.

Quoi qu'il en soit du détail de cette activité, le fait est qu'en 2000, je suis bel et bien le patron de « ma » boîte… et par ailleurs directeur général de Chrono Flex. Le *workaholic* que je suis devenu sitôt refermée la porte du lycée y trouve son compte : de 7 h 45 à 16 heures, je suis chez Chrono, et de 16 heures à 22 heures, avec l'équipe de Cité Achat. Belle schizophrénie, qui ne saurait durer… Très vite, la raison parle : en 2002, je fusionne mes deux agendas, mes deux PC, mes deux bureaux, réunissant mes deux entreprises sur un même site. Sans en avoir encore le nom ni le statut, le groupe Inov'On est déjà en germe.

Désirer

Est-ce d'avoir si longtemps souffert entre les quatre murs de l'école ? Pour moi, le mot

« travail » ne peut, ne doit rimer qu'avec « plaisir » et « envie ». Curieux et gourmand de nature, je ne manque pas d'envies. Or, c'est sur ce terreau qu'éclosent le mieux les idées.

Depuis ce jour de novembre 1995 où j'ai répondu oui à Jean-François et à ses associés, je garde en moi, intact, le rêve d'inventer les événements les plus fous, les plus délirants. Le refoulement n'étant pas mon fort, très vite je comprends que je dois, et surtout que je peux, trouver un exutoire à ce désir dans mon quotidien de manager. Pas d'entreprise qui tienne sans communication, et le dépannage sur site de flexibles hydrauliques ne fait pas exception. Nous avons des clients à séduire, à fidéliser ; des équipes à fédérer, à galvaniser. C'est là, j'en ai conscience, que peut trouver à s'épanouir mon grain de folie, et qu'il peut même faire des petits. Les ingrédients de mon plaisir de communicant tiennent en deux mots : j'aime voir grand, et surtout décalé, pour surprendre et émerveiller. « Grand » : le barnum de l'anniversaire de nos dix ans, évoqué au premier chapitre, suffit à l'illustrer… J'aime faire vivre à mes équipiers des moments exaltants, des émotions fortes qui marqueront leurs vies. Si nos grand-messes annuelles ne réunissent pas systématiquement des magiciens et autres cracheurs de feu, si je n'ai loué qu'une fois le fort de Saint-Malo, j'ai transformé en plage martiniquaise, le temps d'une soirée, le site de Saint-Herblain, situé en pleine zone industrielle, à l'occasion de son inauguration. Quelques tonnes de sable, des arbres exotiques, zouk, danseuses en paréo et punch à gogo – et le tour était joué.

Mais c'est dans le « décalé » que je me régale avant tout. Prendre le contrepied, être là où on ne m'attend pas. J'adore rompre les codes, agir à contretemps, oser l'impossible. Parmi les classiques du BTP, il y a le calendrier – bimbos appétissantes dont les photographies dans le plus simple appareil viennent égayer les ateliers. Pour booster la communication suite à notre changement de nom, pour frapper un grand coup en amusant salariés et clients, je décide de le détourner à ma façon : c'est mon équipe qui posera à poil, dans des attitudes tantôt cocasses – pour les messieurs – tantôt mystérieuses et glamour – pour les dames. Les volontaires se bousculent au portillon pour tenter l'aventure avec un photographe (on ne force personne, évidemment, et chacun peut se retirer du jeu à tout moment), les séances de shooting virent à la franche rigolade... C'est ainsi que je me retrouve tout nu sur la voiturette de mon fils – en première page, cela va de soi. Chez les clients, c'est la folie, et les médias leur emboîtent le pas : un buzz incroyable ! Et un comble : Chrono Flex doit à nos anatomies son premier passage sur une chaîne de télé nationale – France 2, où officie Christine Bravo dans son émission *Douce France*. Comment faire encore plus fort les années suivantes ? En embarquant dans l'aventure certains de nos clients, puis de nos fournisseurs – devenus à leur tour mannequins d'un jour !

Finalement, en disant oui à Jean-François, je ne trahissais pas mon rêve : en 2008, treize ans plus tard, je franchis le pas en créant mon agence de communication événementielle, Fruizz. Sa promesse : « Vous faire vivre une émotion exceptionnelle, qui vous révélera. » Naturellement, Chrono Flex a vocation à être son premier client, et les cinq salariés de Fruizz assurent désormais l'intégralité de notre communication et de notre marketing. Mais, comme Chrono Box, Chrono Watt, Chrono Link, elle offre aussi ses prestations à d'autres. En 2008, il faut bien se décider à appeler un chat un chat. Ce n'est plus une entreprise que je gère désormais. C'est un groupe.

Inov'On

Huit enseignes, 300 salariés, 50 équipiers officiant dans les DOM-TOM et à l'étranger :

ma barque de petit entrepreneur est devenue, en 2008, un lourd paquebot, dont je m'efforce de maintenir le cap. Il est loin, l'échec scolaire ! Elle est loin, la baraque de chantier ! Dans le site de Saint-Herblain où nous avons migré en 2002, à quelques kilomètres de Nantes, les informaticiens côtoient les graphistes, les comptables, les acheteurs, les opératrices du centre d'appels… Et même les écrivains. Car, à la mort de ma grand-mère maternelle, que j'adorais mais dont je connaissais trop peu la vie, je me suis fait la promesse d'œuvrer un jour en faveur de la communication intergénérationnelle : savoir d'où l'on vient, ne pas laisser se perdre ces mémoires, ces enseignements si fragiles… Fille d'un deuil, Cueilleuse d'histoires propose aux entreprises et aux particuliers de collecter leurs souvenirs pour en faire un livre. Nous voilà donc de surcroît éditeur. Partis de rien, nous affichons un chiffre d'affaires annuel de 23 millions d'euros dans la prestation de services. Rien ne semble pouvoir nous arrêter.

En cette même année 2008, je viens d'embaucher un nouveau directeur financier. D'origine italienne, Claudio est issu de la banque et de l'industrie. Mes attentes sont claires : il faut structurer, contrôler. Chrono Flex et ses satellites sont désormais un groupe, que j'ai choisi d'appeler Inov'On ; si comptabilité et RH sont communes à tous, chaque petite entreprise se voit dotée d'une direction bicéphale : le « directeur qui fait », le « directeur qui vend ». Ainsi, je m'assure d'une saine émulation et veille moi-même à éviter tout conflit potentiel. Au siège de Saint-Herblain, les directeurs se multiplient : général, RH, technique, financier, commercial, régional… le plus souvent flanqués d'adjoints. Il est loin, lui aussi, le temps des soirées d'inventaire avec mes techniciens-guerriers ! Depuis combien d'années n'ai-je pas embauché un technicien ? Il m'est désormais impossible de connaître tous leurs prénoms. Je ne vois plus les gars qu'une fois par an. Entre eux et moi, au fil des années, les « n » se sont accumulés : n+1, n+2, n+3… n+5. La famille d'antan a laissé place à une armée de bons soldats. Désormais, il existe deux clans : « les Itinérants » et « le Siège », qui communique à coups de notes de service musclées. C'est qu'il en faut, du muscle, pour tenir 220 techniciens ! Pour tenter de contrôler au mieux le réseau, nous multiplions les procédures. Toutes les six semaines, un directeur régional assure un « check-up » complet de chaque technicien : vérification des stocks, de l'outillage, des équipements de sécurité, de l'état du véhicule et même de l'argumentaire commercial.

Quant à moi, je ne lâche pas la barre, je me projette, encore et toujours, vers demain. En 2006, j'avais fixé pour objectif 250 véhicules à cinq ans. Nous voilà à 220 deux années après. En 2010, nous aurons bien dépassé les 300. Je chauffe mes troupes : priorité à l'international ! Pas plus que les autres patrons je n'imagine le cataclysme qui se prépare, bien loin de Saint-Herblain, de l'autre côté de l'Atlantique. Un cataclysme qui balaiera tout – à commencer par mon ego.

4

La chute

Le pire des Codir

Chez Inov'On, le lundi est dédié aux Codir. De 8 heures à 19 heures, toutes les équipes dirigeantes du groupe se succèdent dans la salle de réunion de mon bureau, au premier étage de notre siège. Muni de ses indicateurs de performance (IP), chacun défile à son tour pour faire le point de la semaine. Jérôme, Claudio, Aude, Stéphane, Anne, François, Morgan, à chacun sa spécialité – finance, opération, commerce, international, développement, RH, innovation... Poser à poil sur des calendriers n'empêche pas de bosser sérieusement. Bien sûr, tout le monde se dit « tu » et personne n'aurait l'idée saugrenue de se pointer ici en costard-cravate ou en tailleur-escarpins. Il n'empêche : si les vannes sont monnaie courante, le lundi, c'est plutôt sérieux.

En ce lundi de rentrée de septembre 2009, ça ne rigole pas du tout. Je sais évidemment déjà ce que Jérôme et Claudio ont, hélas, à nous annoncer. « On y va ? » demande Jérôme de sa voix grave de baryton, une fois le dernier arrivé. Je hoche la tête. Avant même que Claudio ne prenne la parole pour commenter les chiffres, je vois les visages, déjà soucieux, s'assombrir encore. C'est clair : « On ne passe pas. » Les regards s'échangent, graves. Le niveau d'activité stagne dans les bas-fonds. Malgré les nombreux ajustements déjà engagés, nous perdons chaque jour beaucoup d'argent. La fin de l'année s'annonce catastrophique. Pour la mille et unième fois, je me repasse le film de ces derniers mois, en cherchant ce que je n'ai pas fait, ce que je pourrais faire, la solution miracle qui nous tirera de là…

Quand tout cela a-t-il commencé ? En mars 2009 ? Pour être honnête, non. Dès 2008, déjà, nous avions matière à nous inquiéter. Rien de spectaculaire… Pour la première fois, nous bouclions une année quasiment sans croissance. Le marché était mou, atone. Continuant malgré tout notre développement à marche forcée, nous avons commandé quarante nouveaux véhicules pour l'année 2009. Et en mars : la Bérézina. Cette descente aux enfers, nous l'avons vécue de jour en jour, que dis-je : d'heure en heure, grâce à l'écran mural où s'affichent en temps réel le nombre d'appels, le nombre de dépannages effectués. D'habitude survoltées et peinant à faire face à l'afflux des demandes, les filles du CRC, notre centre d'appels, situé au beau milieu du grand espace paysager, lorgnaient, désemparées, leurs téléphones muets. Une semaine, deux semaines, un mois, un deuxième mois… Le marché s'écroulait. Ce n'était pas une mauvaise passe, c'était la crise, que nous prenions, comme tout le monde, de plein fouet. Plus que d'autres, même, car notre entreprise, spécialisée dans le dépannage urgent, est une variable d'ajustement du marché. 34 % d'appels en moins ! La peur était partout, en premier lieu chez nos clients, qui réinternalisaient la gestion de leurs ruptures de flexibles, afin de préserver leur cash. Pire, notre premier client venait de nous assener un coup terrible en dessous de la ceinture. Engagé dans une phase de concentration effrénée du marché, il était passé en quelques années de 5 % de notre CA à plus de 20 % en rachetant tous nos clients du secteur. Nous avions imaginé un contrat spécifique extrêmement intéressant : une approche globale où nous gérions pour lui plus de 20 000 machines. En 2009, nous avions réalisé un travail d'investissement colossal dans de la maintenance préventive pour baisser son niveau de panne sur chantier. Et voici que, du jour au lendemain, il déchire ce contrat en nous mettant au défi de le poursuivre en justice.

Dieu sait pourtant que nous ne sommes pas restés les bras croisés. Nous avons tout tenté pour nous réinventer. Changer de méthode commerciale, troquer la facture détaillée contre des forfaits… Partageant l'état de la situation avec nos équipes, nous ne cessions de les houspiller : bougez-vous, allez-y, foncez, aidez-nous à sauver la boîte ! Où étaient passés les battants de nos heures de légende, les guerriers de la première heure ? Tétanisés, ils ne répondaient plus, pris d'une léthargie qui ne leur ressemblait pas. Les semaines passant, il a bien fallu réduire la voilure. Annuler, d'abord, les 40 camions commandés à nos partenaires. Revenir sur notre parole en interrompant les périodes d'essai – charge aux formateurs d'annoncer la terrible nouvelle à leurs jeunes recrues, qui n'avaient pourtant pas démérité. Profiter de l'énorme turn-over de l'époque chez nos Techs – 30 % ! – pour ne pas remplacer les partants, économisant autant de salaires. C'était encore insuffisant. Notre niveau de tolérance envers les fautes s'est durci. Au moindre faux pas, c'était la porte de sortie.

« Ça ne va pas passer », répète Claudio, qui pourtant en a vu d'autres. La suite, nous la lisons déjà sur les visages atterrés qui nous entourent. Il va falloir se résigner, attaquer dans le dur.

Licencier.

Ce soir-là, après mes neuf heures de Codir, Jérôme et Claudio sont venus me rejoindre dans mon bureau orné de photos de bateaux. Licencier ? Mais qui ? Et cela suffira-t-il ? La loi française interdit de dépasser le chiffre de neuf licenciements économiques, quel que soit l'effectif de la boîte – on reconnaît bien là la patte de nos énarques. Que vous ayez trois cents salariés ou trente, le chiffre est gravé dans le marbre : neuf. Au-delà de neuf, vous changez de catégorie pour entrer dans le « plan social ». Nous n'avons absolument pas les moyens d'engager cette procédure. Comme beaucoup de patrons de PME, nous avons attendu le plus longtemps possible avant de nous résoudre à licencier afin de préserver les emplois. Intention louable qui, dans le même temps, nous condamne, car nous n'avons plus de quoi lancer un plan social. Le remède serait pire que le mal.

« Il suffirait de presque rien, répète Claudio avec son petit accent italien, 10 % de productivité en plus, et on serait sauvés. On est là en train de crever, alors qu'on est assis sur un gisement potentiel fabuleux… » Je sais, j'ai fait mille fois le calcul dans ma tête. Nos techniciens, en moyenne, effectuent cinq heures de travail technique par jour : comptez environ 2,5 interventions par personne et, pour chacune, une heure de déplacement plus une heure de réparation. Ça laisse une belle marge de croissance. En théorie, les Techs sont censés mettre leur temps libre à profit pour prospecter de nouveaux clients. Ils sont nombreux à ne pas le faire, par peur ou par manque d'accompagnement, alors que ça changerait tout… Mais comment obtenir d'eux cet effort ? Comment faire pour que nos équipes se motivent davantage ? Des images me reviennent en tête, celles de nos débuts. Bon sang ! Je m'y entendais pourtant à les galvaniser, mes gars. À coups de discours enflammés et de franches rigolades. Pour la première fois depuis des années, je me sens impuissant. Depuis un bon moment, je ne pose plus un orteil sur le terrain… Claudio, embauché l'an passé, ne s'est jamais assis dans un camion. Quant à Jérôme, lorsqu'il se rend sur place, c'est généralement sur le mode gendarme : distribution des consignes du siège, gestion de sortie des gars en faute. Beaucoup de nos Techs n'ont plus le profil des guerriers d'antan, mais plutôt celui de bons soldats, qui reçoivent leurs ordres de leur chef direct, lequel dépend du chef de région, qui à son tour… Comment faire bouger ce mammouth ? Surtout, comment le faire bouger vite ?

Dix heures, déjà. La nuit est tombée depuis longtemps. Il faut se résigner à rentrer. Nos enfants sont au lit. Ce soir encore, nous ne les verrons pas. Ma vie, dont j'étais si fier depuis tant d'années, m'apparaît soudainement vaine. Je suis en train d'entraîner dans ma chute plus de 300 salariés. Tout ça pour ça ! Treize années de folle aventure, et voilà que surgit le spectre du dépôt de bilan…

La loi des chiffres

Chaque année, je dois rembourser 500 000 euros prélevés sur le résultat. On appelle ça une « dette senior ». D'où vient cet endettement ? Il remonte à l'année 2006, celle de nos dix ans. Porté par le succès, j'ai racheté toutes leurs parts à nos financiers pour détenir, enfin, 50 % du capital de l'entreprise et devenir l'actionnaire de référence. Sur fond de croissance à deux chiffres, 500 000 euros prélevés annuellement, c'est quelque chose, mais ça tient. Nous sommes alors près de 2 000 entreprises en France à fonctionner ainsi, en *leverage buy-out* – LBO. Le LBO est assorti d'un catalogue de règles, les *covenants*. Durant toute la période du remboursement, nous devons impérativement respecter certains ratios d'équilibre financier. En cas de non-respect, la dette devient exigible immédiatement ; c'est alors souvent la fin de l'histoire… Comme la majorité des entreprises sous LBO cette année-là, nous ne pourrons respecter nos *covenants*. Malgré tout, comment faire pour rembourser notre dette ?

Pour l'heure, il faut de nouveau alléger la structure. Licencier, donc. Par qui commencer ? J'ai déjà baissé mon salaire. Aude, notre DRH, reprend des études à mi-temps : un mi-temps de salaire de cadre gagné ! Impossible, en revanche, de maintenir le poste de Stéphane, directeur des ventes et du marketing. Stéphane est le dernier entré dans l'équipe. Je lui signifie son congé, sans avoir rien à lui reprocher, sinon que nous sommes en temps de crise et que nous ne pouvons plus payer tout le monde. Pour soulager la boîte sans grever ses forces vives, nous décidons de cibler les intermédiaires, ces managers en charge de l'encadrement du terrain, nos responsables régionaux – les n+2, n+3. Leurs salaires sont significatifs, et sans eux les camions peuvent encore tourner, les dépannages se faire. Mathieu, directeur du réseau, reprend ainsi de l'opérationnel sur Paris-Île-de-France pour pallier les départs. Pascal, Alain, Bruno… reprendront, eux, des véhicules d'intervention pour assurer les dépannages. Nous profitons, enfin, de ce que les autres boîtes du groupe souffrent moins que Chrono Flex pour organiser des passerelles qui permettront à plusieurs équipiers de travailler à mi-temps ou à temps plein dans d'autres structures, allégeant d'autant la masse salariale pesant sur Chrono Flex.

Ces heures sombres, je ne les oublierai jamais. Finies, l'atmosphère bon enfant et les blagues potaches qui fusent. Au siège de Saint-Herblain règne une ambiance de plomb : qui sera le prochain ? Qui devra quitter le navire demain ? J'en ai les tripes broyées, au sens propre du terme. Car si je m'efforce de n'en rien montrer, je suis tombé malade, il y a quelques mois. Le foie ne fonctionne plus. Rechute de mon hépatite, contractée en 1996 ? Même pas : d'analyses de sang en scanners et en échographies, les médecins ne me trouvent rien. Pourtant, les symptômes sont là : une douleur juste sous le foie, qui me lance sans discontinuer. L'année s'achève sur un dépôt de bilan évité de justesse. Si nous avons perdu 34 % de chiffre d'affaires – de 21,7 millions d'euros, nous passons à 14,7 millions –, heureusement nous disposons d'un volant de sécurité : notre capital social, qui est de 2,4 millions d'euros, et nos fonds propres. Nos réserves sont confortables ; notre boîte a les reins solides. Claudio, notre expert-comptable Isabelle et notre avocat Bertrand font des merveilles. Pour limiter les impacts de notre chute sur le bilan de l'entreprise, nous utilisons l'ingénierie financière. En réduisant notre capital social de 1 million, nous parvenons à honorer notre dette senior de 500 K€, pour cette année. Il nous restera de nouveau 500 K€ si 2010 n'est pas meilleure. Mais ce petit jeu ne peut se reproduire indéfiniment… Parallèlement, nous nous préparons à mobiliser nos créances, c'est-à-dire à céder à notre banque l'ardoise de nos clients, en échange d'un versement du même montant en trésorerie. Heureusement, nous n'aurons jamais besoin de déclencher ce mécanisme.

Lorsque s'ouvre l'année 2010, un goût amer nous reste en bouche. Certes, la situation s'est stabilisée au niveau le plus bas, mais au moins nous ne chutons plus. Nous avons limité la casse, mais à quel prix ? Tout plaisir a disparu. Je n'étais pas préparé à ce cataclysme. Dopé à la croissance enivrante de nos débuts, j'avais fini par croire la réussite inscrite dans nos gènes. Et mon équipe aussi s'en était convaincue. Autant nous étions fiers d'avoir mené notre petit monde vers les sommets, autant nous nous sentons aujourd'hui impuissants, voire coupables. N'est-ce pas en partie par ma faute qu'ils en sont là – certains licenciés sans l'avoir mérité, d'autres en passe de l'être, tous ravagés d'angoisse ? En réalité, nous avons payé cash le péché d'orgueil des acteurs de l'économie financière. Avec leurs crédits pourris, les créateurs des *subprimes* ont disloqué la planète, laissant derrière eux des millions de personnes au tapis, des entreprises exsangues, des États à l'agonie.

Passerons-nous l'année ? Les premiers chiffres – janvier, février, mars – n'ont rien pour nous rassurer. Le marché stagne, encore et toujours. Notre seul espoir : tenter de restaurer notre rentabilité opérationnelle, c'est-à-dire l'équilibre entre nos résultats et les moyens mis en œuvre pour les produire.

Un profond sentiment d'injustice me ronge. Depuis treize ans, je donne beaucoup à la boîte, sacrifiant souvent famille et santé. Premier arrivé le matin, dernier parti tard le soir, il n'est pas rare que je sois encore au téléphone, sur le chemin du retour, pour écouter chaque directeur de chacune de mes entreprises me rapporter les trois faits saillants de sa journée. De tout cet engagement il ne reste qu'un tas de cendres et de nombreuses blessures. Une question m'obsède : « Comment faire pour ne plus jamais revivre ça ? Ne plus jamais devoir virer des gens que je n'ai pas envie de virer ? » Je n'ai pas l'ombre d'une piste, et cette question sans réponse me hantera pendant des mois.

5

La révélation

Mai 2010

Toucher le fond présente au moins un avantage : l'urgence de remonter à la surface vous rend plus réceptif à tout ce qui peut ressembler à une planche de salut. Ce jour-là, je reçois une invitation à une conférence qui m'intrigue : « L'entreprise du XXIe siècle existe : nous l'avons rencontrée ». Passionné comme je le suis par l'innovation sous toutes ses formes, ma curiosité est piquée. L'entreprise de demain, tiens donc, je suis curieux de voir ça !

Quand j'arrive dans la grande salle de conférences, à l'heure pile, l'amphi compte trois cents personnes. Tout en écoutant d'une oreille distraite l'animateur qui annonce l'invité, je traite quelques mails : « Et voici… Jean-François Zobrist ! »

Chemise blanche, gilet bleu de travail, cheveux rares et barbichette grise, un tout petit papi s'approche du pupitre et entreprend avec vigueur de dévisser son micro. « Là, comme ça c'est mieux ! » grommelle-t-il. Je me pince. Qu'est-ce que c'est que cette plaisanterie ? Ce petit retraité aux allures de contremaître est censé représenter l'entreprise du XXIe siècle ? Au mieux, c'est survendu ; je vais perdre mon temps. Dans dix minutes, je quitte la salle et je retourne au bureau. Sans un bonjour, l'homme attaque, goguenard : « Bon, ben écoutez, moi, à votre place, j'aurais attendu un peu avant de m'applaudir… Parce que c'est pas en bas du mur qu'on voit le maçon, c'est tout en haut. » Silence dans la salle. « Déjà, il y a un truc qui m'étonne, poursuit-il en nous tournant le dos pour nous montrer l'écran. Il y a écrit, là, que je vais vous donner des conseils… Mais en management, il n'y a pas de conseils ! Il n'y a même pas de modèles. Il y a des témoignages, c'est tout. » Je pose mon smartphone, intrigué. Ça, c'est de l'entrée en matière ! Aplomb tranquille, gouaille, ce drôle de bonhomme a un sacré charisme…

Et c'est ainsi que Jean-François Zobrist déboule dans ma vie – ou, plus exactement, dans celle de Chrono Flex. Vous connaissez sûrement cette étrange impression, en regardant un film, en lisant un livre, ou en écoutant un orateur, que tout ce qui se passe là, sous vos yeux, vous est spécialement destiné. Chaque épisode, chaque mot fait écho à une situation que vous avez vécue, une question que vous vous êtes posée, une émotion que vous avez ressentie. Ce jour-là, c'est exactement ce que je vis.

Pratique, comme tout chef d'entreprise, Zobrist annonce d'emblée la couleur : depuis 1980 qu'il dirige sa fonderie picarde, Favi, il aligne chaque année 20 % de cash flow. Vingt pour cent de cash flow, pas un licenciement économique, et une place de bon premier en Europe sur le marché qui est le sien : la fourniture de fourchettes d'embrayage aux fabricants d'automobiles – un cœur de métier pas moins sexy que le mien… En soi, la performance tient déjà du miracle. Sa « recette » pour y arriver ? « Pas de performance sans bonheur », expose-t-il avec placidité. « Un ouvrier heureux, ça fait 5 % de cash flow en plus. Et un ouvrier malheureux, 5 % de cash flow en moins. » Jusque-là, rien de très révolutionnaire. À part une poignée de pervers narcissiques, qui veut rendre ses salariés malheureux ? Dès la seconde phrase, je tombe de ma selle : « Mais 20 % de cash flow, ça n'a jamais rendu personne heureux. Vingt pour cent de cash flow, c'est un résultat. Un objectif, ça ne peut être qu'affectif. L'objectif du patron, c'est le bonheur des salariés. » Échange de regards perplexes dans la salle. Le petit vieux pousse le bouchon un peu loin. « Et le bonheur des salariés, c'est qu'on leur foute la paix. Favi, c'est une entreprise où les ouvriers décident de tout librement, sans contrôle. » En quelques mots, nous venons tous de basculer dans la quatrième dimension.

Car, à partir de là, très méthodiquement, le PDG de Favi déconstruit une à une toutes mes certitudes. L'entreprise florissante dont il nous dresse le portrait est l'exact inverse de la mienne. Une entreprise sans hiérarchie. Sans contrôle de qualité. Sans service d'expédition. Sans service de ressources humaines. Sans service commercial. Sans objectifs. Sans reporting. Sans réunions. Tout ce qui fait notre fierté à tous, cette structure patiemment édifiée, ce petit bonhomme l'a pulvérisée. Au nom de quel principe ? « L'homme est bon… »

Les 3 %

L'homme est bon, nous dit-il sans emphase, oui – dans l'immense majorité. Du moins est-ce le pari qu'il a fait. Est-ce plus ridicule que de partir du principe opposé, celui d'un homme foncièrement mauvais ? Ce pari-là est pourtant bel et bien celui du patron ordinaire. Qui verrouille le local à fournitures pour éviter les vols – de gants, de papier, de stylos. Qui installe des mouchards dans les camions. Qui paie des gardes-chiourmes pour traquer la baisse de cadence du paresseux. Qui installe une pointeuse à l'entrée de l'usine pour contraindre au travail les tire-au-flanc. Telle est la croyance de l'entreprise classique : les gens n'aiment pas travailler. Avec pour résultat de ce pari la pesanteur gigantesque de la structure. Entendez par structure : ce et ceux qui ne produisent rien – le contremaître, le sous-chef et le sous-sous-chef ; le contrôle qualité, le contrôle de gestion… Qui coûtent de l'argent sans rien rapporter. À supposer que l'homme soit mauvais, passe – et encore, chiffres à l'appui, peut-être pas. Mais, à supposer qu'il soit bon, que d'argent gaspillé en machines à fliquer, en salaires ! Que de temps perdu en process d'autorisations, de vérifications et contre-vérifications…

L'homme est mauvais, vraiment ? Admettons. Au moins reste-t-il bon à faire ce qu'il aime et veut faire. À repeindre sa maison et biner son jardin. À inscrire ses enfants à l'école, assister aux réunions de parents, soigner le petit dernier qui s'est enrhumé. À gérer son budget pour nourrir sa famille et payer ses factures, investir dans une maison. Ce n'est pas le cas de tout le monde ? Admettons. Va pour 3 % de pères et de mères indignes, égoïstes ou de paniers percés. Le reste – l'écrasante majorité – assume le mieux qu'il peut l'ensemble de ses responsabilités. Or, sitôt passé le seuil de leur entreprise, ces citoyens ordinaires, patrons efficients de leur maisonnée, se voient traités en enfants irresponsables. Infichus, même, de fabriquer une pièce sans qu'il faille vérifier le travail derrière eux.

Le pari de Jean-François Zobrist : les qualités dont on fait preuve chez soi, rien ne permet de croire qu'on les perd dans son entreprise. Il suffit de les laisser s'exprimer. Et, pour ce faire, un seul moyen : confiance et liberté. Les 3 % de brebis galeuses en profiteront ? Sans doute. Mais ils pèseront toujours moins lourd dans la colonne des « dommages » que les coûts délirants d'une structure conçue à seule fin de les empêcher de nuire. Arrêtons, dit Zobrist, de manager pour les seuls 3 % ! Notre argent sera mieux employé : nous rendrons aux 97 % restants leur efficacité et le bonheur non seulement de travailler, mais de travailler bien.

Trois pour cent de gens qui trichent, qui ne respectent pas les règles du jeu… Seulement 3 % ! Une image me revient : cette note de service, passée dernièrement, après qu'un de nos Techs s'est servi de sa carte bleue professionnelle pour acheter à manger à sa famille. « RAPPEL À TOUS : les cartes professionnelles sont à usage strictement professionnel ! Tout abus sera sévèrement sanctionné. » Qu'ont ressenti, en la lisant, les mécanos qui n'avaient rien à se reprocher ? Jamais je ne m'étais posé la question, jusqu'à aujourd'hui. Un seul contrevenant ; une menace brandie aux 219 autres. De quoi, au mieux, susciter un sentiment d'injustice et créer un profond désengagement chez n'importe qui. D'ailleurs, je le réalise soudain, il y a des années que je ne vois dans mes équipes que des sources de pépins potentiels, non des viviers de solutions. Que je ne cesse d'anticiper ce qui risque de dérailler. L'équipe de direction et moi-même consacrons au contrôle et à la maîtrise une trop grande quantité de notre énergie, qui serait mieux employée ailleurs.

Comme s'il lisait dans mes pensées, ce diable d'orateur poursuit : « C'est celui qui fait qui sait. » Qui connaît mieux sa machine que l'ouvrier ? argumente-t-il. Sûrement pas l'ingénieur, encore moins le patron, bien incapables de produire la moindre pièce. Et de citer l'exemple d'un de ses gars qui lui glisse en passant : « Cette machine, là… Il suffirait de changer ce petit truc, elle produirait cinq pièces de plus. » Pourtant, dans toutes les boîtes, c'est la hiérarchie qui impose les process, puis contrôle, vérifie qu'ils sont bien suivis. Évidemment, pour avoir l'idée d'innover, encore faut-il que l'ouvrier en éprouve l'envie. Cette envie, d'où vient-elle ? « De l'amour du client », lâche tranquillement Zobrist devant son parterre de patrons ébahis. Le culot de cet homme, décidément, m'épate. « L'homme est bon. » « L'amour du client. » On se croirait à l'église. Pourtant, avec ses deux pieds bien sur terre, ce petit patron à barbiche n'a rien d'un curé. L'ouvrier, aimer son client ? Mieux que ça, nous dit-il : c'est le client qui doit aimer l'entreprise. Car, « si Peugeot nous aime, on aura du travail pour nos enfants dans nos villages ». Et comment obtenir que Peugeot aime Favi ? En lui donnant « toujours plus et mieux pour moins cher ». Cet amour-là, bien sûr, n'est pas celui, désintéressé, de l'Évangile. Il s'agirait plutôt d'un pacte : « De toi, client, dépend que ma famille vive. Je ferai donc le meilleur pour toi. » Seulement, ce pacte-là n'engage pas seulement le patron. Il concerne chaque salarié. « Savoir se faire aimer pour donner du travail à nos enfants dans nos villages » : voilà qui est autrement motivant qu'un objectif chiffré du genre « 2 % de CA en plus à la fin de l'année »... C'est mieux qu'une motivation : un rêve partagé par tous. Et, porté par un rêve, on donne le meilleur de soi-même, sans qu'il soit besoin de flicage, de carotte ni de bâton. Au diable les organigrammes, conclut Zobrist, ces organismes monstrueux « sans entrée ni sortie, sans bouche ni trou du cul », pyramides factices d'ego inutiles qui oublient l'essentiel : le client et le fournisseur. Une entreprise, ce sont des hommes et des femmes qui, ensemble, créent de la valeur ! Et le patron, dans tout ça ? Ni plus ni moins qu'un garant des valeurs et du rêve partagé. Le reste n'est que littérature.

Démerde-toi !

C'est peu de dire que je n'ai pas filé à l'anglaise avant la fin de la conférence : j'en ai bu chaque mot. Bizarrement, j'en ressors surexcité. Je viens de prendre une énorme baffe qui m'ouvre un nouvel horizon. Dieu sait, pourtant, que j'en ai pris pour mon grade. Vues par Zobrist, mes neuf heures de Codir du lundi se résument ainsi : « Pour compenser le week-end pendant lequel personne ne lui a répété qu'il avait le plus gros zizi, le patron réunit ses cadres le lundi à la première heure. Ça sert à rien, sinon à caresser sa mégalo. » À peine le conférencier a-t-il déposé son micro qu'une quinzaine de personnes lui tombent dessus. J'attends – je serai le dernier. Je digère son message tout en préparant le mien. Voici mon tour, enfin ; je lui lance tout à trac : « Notre boîte a quinze ans, nous sommes partis de zéro pour arriver à trois cents, puis nous avons été percutés par la crise. Nous avons besoin de nous reconstruire. Grâce à vous, je viens de découvrir comment. Comment faire pour aller plus loin ? » Il me fixe un instant, sourit, puis lâche : « Démerde-toi ! » Mon cerveau refuse de traiter cette information. Je reviens à la charge : « Excusez-moi, je n'ai pas compris… » « Mais si, tu as parfaitement compris : démerde-toi toi-même ! » De l'euphorie je passe sans transition à la colère. Comment peut-on créer autant d'espoir chez les gens et, quelques minutes après, les envoyer paître ? Fou de rage, je quitte l'amphi – non sans acheter au passage les livres de Zobrist, en vente à la sortie. Il ne veut pas m'aider ? Soit. Je trouverai le chemin tout seul s'il le faut.

Six ans plus tard, je ris encore de ce premier échange éclair avec celui qui est devenu mon ami. Cet uppercut, bien sûr, je lui en ai un peu voulu. Je ne comprenais pas. Me démerder ? Avec pour seul viatique deux heures de conférence où il n'avait qu'effleuré les sujets ? J'aurais pourtant dû m'en douter, après son entrée en matière : « En management, il n'y a pas de conseils, il n'y a pas de modèles. Il n'y a que des témoignages. » Il avait témoigné ; à moi d'en faire mon miel, à ma façon.

Pas découragé pour deux sous, à peine de retour chez moi, je me suis aussitôt plongé dans ses livres. Je les ai lus, relus, crayon en main. La description de son système de mini-usines, en particulier, m'enchantait. Pour incarner le rêve partagé d'« amour du client », Zobrist a en effet éclaté son usine en petites équipes autonomes réunissant les salariés travaillant pour un même client – Peugeot, Ford, Volkswagen… À chacun ses ouvriers et son commercial attitré, s'organisant ensemble comme ils le désirent, du moment que le travail est bien fait, les pièces livrées en temps et en heure, sans défaut. Tous unis par leur connaissance intime de leur client, de sa culture propre, de ses règles à lui. Tous engagés à son service, prêts à l'impossible pour le satisfaire, ensemble responsables, sans avoir à en référer à qui que ce soit. À la clé : une légèreté, donc une réactivité sans commune mesure avec l'organisation centralisée d'antan. Alors qu'auparavant la moindre décision, la moindre expédition, nécessitant le passage par une foultitude de services, prenait parfois plus d'une semaine, tout se fait désormais dans la journée – parfois même dans l'heure. Quelle différence avec Chrono Flex, ce vaisseau-amiral si lourd à piloter, où les ordres venus d'en haut ne parviennent plus à mobiliser les troupes qu'au prix d'une dépense d'énergie démesurée… Mille idées germaient dans ma tête. Le remplacer par une flottille de petits bateaux autonomes et véloces ? Pourquoi pas.

Quoi qu'il en soit, j'en avais désormais la certitude : notre salut passait par la libération. Il restait à savoir comment…

Deuxième partie

Récit d'une libération

6

Premiers pas

Les trois chantiers

Depuis deux mois, j'ai retrouvé la pêche. Les filles du CRC n'en croient pas leurs oreilles ni leurs yeux : le tableau d'affichage a beau annoncer un nombre d'appels et de dépannages toujours aussi bas, je distribue à la ronde mes petites blagues, comme au bon vieux temps. Franchement, il n'y a pourtant pas de quoi se frotter les mains. Nous voici arrivés au début du mois de juillet, la mi-temps de l'année, et nous continuons de croupir au fond de la piscine. Pas un signe de reprise. À ce train-là, dans le meilleur des cas, nous finirons 2010 à l'équilibre. Et encore : grâce à une gestion par les coûts drastique, c'est tout. C'est bien simple, nous ne dépensons plus rien. La moindre demande de fourniture – lampe de bureau, chaise à remplacer

– est scrutée à la loupe, et souvent retoquée… Et, à supposer même qu'on arrive à l'équilibre, il y aura encore les 500 000 euros de dette senior à débourser ! Ce qui me fait sourire malgré tout, au milieu de cette sinistrose ? La certitude toute neuve qui m'habite : nous portons en nous le remède à cette crise qui n'en finit pas. La conjoncture ne change pas, soit ; c'est nous qui allons changer.

En mai, sitôt achevée ma lecture des livres de Zobrist, j'ai commandé pour ma garde rapprochée des exemplaires du premier volume, *Nos belles histoires*[1]. Le mot d'ordre : lisez-le dès que possible et dites-moi ce que vous en pensez. Aujourd'hui, nous voici tous au pied du mur. À quelques jours des grandes vacances, nous nous sommes mis « au vert » à quelques minutes du bureau, en réunion extraordinaire, Jérôme, Claudio, Aude, François, Morgan, Anne, Vanessa et moi. L'ordre du jour : débattre de l'approche managériale de Jean-François Zobrist, pour décider si nous nous engageons nous aussi sur ce chemin. Les uns et les autres s'expriment. « Ça me parle, ce bouquin. » « Les concepts sont assez

1. Jean-François Zobrist, *La Belle Histoire de Favi. L'entreprise qui croit que l'homme est bon*, t. 1 : *Nos belles histoires*, Humanisme & Organisations Éditions, Paris, 2008.

en décalage… Tout n'est pas encore très clair, mais ça ouvre des portes. » « De toute façon, il n'y a plus de gras à couper. C'est une vraie piste pour impliquer les gars du réseau. » Tout le monde convient qu'on n'arrivera à rien en cherchant à améliorer encore le système. Pour réussir, il va falloir faire différemment.

Je souris. Comme moi, ils sentent qu'il y a là matière à gratter. L'intuition que nous venons de découvrir quelque chose de bien pour nous. Voilà un premier pas de franchi. Je leur expose longuement le fruit de mes réflexions de ces derniers mois. Ce qui a tout de suite fait tilt en moi, en découvrant l'histoire de Favi : les 3 %. Pas seulement le choc de réaliser que, comme tout le monde, nous manageons uniquement pour les toxiques. Ce sont les 97 % qui me trottent dans la tête. En nous focalisant sur les brebis galeuses, nous empilons les règles, cassant ainsi l'agilité de l'entreprise. Pire encore, en confisquant le pouvoir, nous nous privons de notre plus belle richesse : notre intelligence collective. Imaginez la puissance de 300 personnes qui, ensemble, s'attaquent à un problème ! Dans cette période de crise, pour nous réinventer, nous avons besoin de tous. C'est vital. Et pour que ces intelligences s'expriment, il nous faut d'urgence les affranchir de ce qui les paralyse.

Nous en convenons à l'unanimité : il faut arriver à libérer la parole. Instaurer un climat de confiance. Plus facile à dire qu'à faire... « Exprimez-vous, les gars, dites-nous ce qui ne va pas ! » Personne n'osera. Comment établir la confiance ?

« Il faut trouver un signe fort. »

Un autre point nous a frappés, dans le message de Jean-François Zobrist : celui du « rêve partagé ». Il me parle tout particulièrement. Le rêve est à la source de ma passion d'entreprendre. Mais il s'agit de mon rêve à moi. J'ai toujours fait en sorte d'insuffler à mes équipes l'envie de se mettre à son service, oui, mais ce rêve n'était pas le leur. Puisqu'il s'agit à présent de réinventer la boîte, de déployer enfin toutes les énergies qui y sommeillent, la première étape est de permettre à l'équipe de choisir le rêve pour lequel elle va se donner à fond. Au mot « rêve » je préfère pour ma part celui de « vision ». Une cause noble à servir ensemble... Pourquoi ne pas aller sur le terrain et demander à tous de définir leur vision pour Chrono Flex ? La vision, c'est un premier pas. Mais il faut les grands principes pour y arriver. Les valeurs. Zobrist les appelle aussi les « limites » : ce qui en aucun cas ne peut être transgressé. À la fois la boussole et les garde-fous. Chez Favi : « L'homme est bon » et « L'amour du client ». Vision, valeurs : nanti de ces tables de la loi, n'importe quel salarié compétent dans sa partie peut exercer son métier librement, en étant assuré de faire les bons choix pour l'entreprise. Nous convenons donc de lancer, dès la rentrée, un premier chantier « Vision et valeurs ». Mais ça ne suffit pas. Avant de rassembler toutes les données, de les synthétiser et d'annoncer les résultats aux équipes, il va falloir des mois... À supposer qu'on commence dès septembre, tout cela nous mène au mieux au printemps 2011. En attendant, concrètement, les gars sur le terrain ne verront aucun changement. Et ils ne soupçonneront pas les transformations qui peuvent découler de ce petit jeu auquel ils se seront prêtés. Or, c'est dès maintenant qu'il faut donner un coup de fouet à la boîte. Nous en revenons donc à l'idée de départ : demander aux salariés ce qui cloche, pour eux, au quotidien. Leur faire comprendre, ainsi, que nous sommes à leur écoute, prêts à faire tout notre possible pour supprimer ce qui nuit à leur bien-être.

« Ce qui les gêne aux entournures... Ce qui les empêche de bien bosser... Les grains de sable dans leurs chaussures. » Les petits cailloux ! L'idée vient de s'imposer. Simple, concrète, ludique. Profitant d'une assemblée mensuelle, nous demanderons à un équipier de mettre un caillou dans sa chaussure, puis de marcher avec. Impossible, évidemment. Démonstration sera faite. « Voici pour chacun d'entre vous un petit caillou. Nous en avons conscience, vous en avez beaucoup dans les chaussures. C'est obsédant, ça vous empêche de bien faire votre boulot. Alors, à partir de maintenant, nous vous proposons de nous les confier. Ces petits cailloux deviendront notre problème, et nous prenons l'engagement de les traiter en priorité. » Des différents services du siège, en passant par les équipes de terrain, remonteront des centaines de Post-it : PC à la ramasse, manque de licences logiciel pour bosser à plusieurs en même temps, photocopieuse en panne ; étagères de rangement déglinguées, dans le camion ; stylos de mauvaise qualité, qui bavent dès qu'on appuie… Très rapidement, nous ramasserons les « cailloux » et mettrons tout en œuvre pour libérer les gens de ces irritants qui suffisent à pourrir le quotidien en le colorant de mauvaise humeur. Ce signe, qui ne nous coûtera pas trop cher, aura, j'en suis intimement convaincu, une portée symbolique qui produira vite son effet en boostant le moral des troupes. Nous tenons là un deuxième chantier.

Quant au troisième, le chantier « Signes de pouvoir », nous avons pris des risques en le lançant si vite, galvanisés que nous étions par notre lecture de Jean-François Zobrist. Demander aux salariés de recenser les privilèges ostensibles et blessants qui rappellent à chaque instant que certains détiennent le pouvoir et d'autres, non : bureaux individuels, places de parking réservées, accès à l'information... Nous engager à les faire disparaître, afin de restaurer chez tous le sentiment d'équité... Un signal fort, sans aucun doute, mais un potentiel traumatisme pour les cadres, s'ils n'ont pas eu le temps de s'y préparer. Nous ne le mesurerons qu'a posteriori.

Pour l'heure, dans la foulée, nous prenons une autre décision, ô combien importante. Celle d'agir sans rien dire. Finis, les beaux discours et les grands plans mobilisateurs. C'est par nos actes, et non par nos paroles, que nous allons nous atteler à augmenter le niveau de confiance dans l'organisation. Annoncer, tout de go : « Chers salariés, nous avons pris la décision de vous libérer, finis les cadres et les patrons, l'entreprise est à vous » ? Non : outre que ce serait réduire la démarche à sa caricature, Chrono Flex est bien trop fragile, tenant depuis un an sur le fil du rasoir. Tout mouvement un peu brusque risque de lui être fatal. Nous en sommes tous les huit convaincus : il nous faut avancer sans rien officialiser, le temps pour nous de faire nos preuves.

Le silence s'installe, un silence chargé d'émotion. Notre groupe, nous le savons, vient de vivre un moment historique. La voie sur laquelle nous nous apprêtons à nous engager interdit tout retour en arrière : comme le dit Zobrist, « quand tu as démarré sur le chemin de la confiance, tu ne peux pas t'arrêter ». Avons-nous idée de ce qui nous attend ? Non. Nous allons avancer dans le brouillard, improvisant au fur et à mesure nos premiers pas. Dans les couloirs des bureaux de Saint-Herblain, à quelques centaines de mètres de là, nul ne se doute de rien. Pour tout le monde, les vacances qui se profilent ne seront qu'une pause bienvenue avant d'aborder une rentrée comme une autre – morosité en plus, avec cette crise qui n'en finit pas…

L'avènement du collectif

Si nous lançons bel et bien nos chantiers en septembre, pendant un an, personne, hormis le Codir Groupe, n'aura la moindre idée de ce qu'ils préfigurent. Quand la boîte sera mûre pour le grand basculement, quand elle sera bien préparée, nous nous dévoilerons. Pour l'instant, motus. C'est donc à nous, et à nous seuls, qu'il incombe de tourner sur le terrain pour recueillir les idées auprès du collectif.

Comment procéder ? Aucun de nous n'est formé aux méthodes de l'intelligence collective, cet art de décider ensemble qui fonde l'entreprise libérée. Nous ignorons même qu'elles existent ! Armés de notre seul bon sens et de notre intuition, nous nous saisissons donc de nos bâtons de pèlerin… en l'occurrence, des piles de Post-it.

Et nous voilà, en cette soirée d'octobre, face à une de nos équipes, après déjà plus d'un mois de tournée. Nous y allons de notre petit laïus, désormais bien rodé : la crise ; notre entreprise qui a besoin de se réinventer pour sortir du marasme ; notre désir de réunir tous nos salariés autour d'un projet qui les fasse vibrer. Nous souhaitons que, chaque matin, en se levant pour aller au boulot, ils aient les yeux qui brillent. Nous leur proposons donc de répondre à ces deux questions, en inscrivant toutes leurs idées sur des Post-it. « Que représente Chrono Flex pour toi et ta famille ? » ; « Que partages-tu chez Chrono Flex et qu'as-tu envie d'y partager avec d'autres dans les dix années à venir ? » À chacun de s'interroger, sans se censurer, surtout. Dès que tout le monde aura terminé, chacun, à tour de rôle, viendra coller ses Post-it sur le paperboard.

OK ? C'est parti pour la première question ! À vous de jouer.

Après quelques séances de ce type, nous ne nous étonnons plus de l'enthousiasme avec lequel nos Techs se prêtent au jeu. Ravis et fiers d'être ainsi sollicités, tous se concentrent sur leurs petits papiers, sur lesquels ils s'expriment avec entrain. Ce qui ne cesse, en revanche, de me surprendre, c'est l'inventivité et la justesse de leurs idées. Quand vient le moment de la restitution, les gars se lèvent, un par un, et viennent coller leurs Post-it en déclamant leur contenu. Au fur et à mesure, le paperboard se constelle de taches de couleur, comme un tableau abstrait. Une joyeuse pagaille d'où se dégagent peu à peu de grands thèmes récurrents, qui nous permettent de regrouper les Post-it par famille : esprit d'équipe, besoin d'être différent, innovation, développement mondial, amour, plaisir, performance, service exceptionnel, service total de nos clients, respect…

Encore n'en sommes-nous qu'à la moitié du gué – que dis-je, à peine au tiers. Par cette méthode empirique, nous avons réuni des centaines d'idées. Il nous faudra ensuite les trier, les classer, pour en extraire la substantifique moelle. Concentrer en une seule phrase les rêves de 220 salariés, mécaniciens, comptables, informaticiens, communicants, managers, afin que tous communient dans une même vision : un exercice de haute voltige, qui nous dévorera des dizaines d'heures, en plus de notre job quotidien. Mais, j'en ai l'intime conviction, ce temps n'est pas perdu. C'est l'ADN de notre entreprise qui émergera de cette lente décoction.

En tout, le chantier « Vision et valeurs » nous aura occupés huit mois. Des milliers de Post-it noircis par les salariés notre équipe de pilotage va tirer une vision pour chacune des entités du groupe. Les hasards de la vie sont parfois taquins : le jour prévu pour la clôture du chantier, au printemps 2011, j'apprends que Jean-François Zobrist passe de nouveau dans la région, à Saint-Nazaire. J'y vois un signe du destin et déboule à la conférence avec mon équipe rapprochée pour lui présenter notre inspirateur. À peine arrivés sur les lieux, nous le croisons, et je lui fais part en quelques mots du travail accompli depuis ce jour où il m'a envoyé sur les pelotes. Fidèle à sa méthode directe, sans même m'en avoir avisé, il m'appellera une heure plus tard sur la scène pour me faire témoigner…

En avril 2011, Chrono Flex est donc enfin dotée d'une vision, que nous officialisons : « Notre performance pour votre réussite. »

Une formule qui dit à quel point les équipes se reconnaissent dans la passion d'entreprendre et de conquérir un marché, dans le goût du travail bien fait. Quant aux valeurs élues, inspirées par la matière de nos rencontres, elles sont au nombre de quatre :

- la performance par le bonheur ;
- cultiver l'amour du client ;
- équipe respectueuse et responsable ;
- ouverture d'esprit, esprit d'ouverture.

Quatre, c'est beaucoup, quand Jean-François Zobrist préconise de ne pas excéder deux. Mais Chrono Flex et le groupe Inov'On ne sont pas Favi. Dès nos premiers pas sur le chemin de la libération, nous nous sommes émancipés du seul modèle dont nous disposions – fidèles, en cela, à la boutade de Jean-François : « Démerde-toi ! »

Vision, valeurs, petits cailloux, signes de pouvoir : en quelques mois, nous avons bien avancé… Mais nous sommes encore loin du but. Car, jusqu'ici, aucune des décisions actées par le collectif ne touche le nerf de la guerre, notre cœur de métier, le dépannage sur site de flexibles hydrauliques. Le plus gros reste à faire : confier le pouvoir aux salariés sans mettre la boîte en danger.

Heureusement, un inconnu surgit à point nommé pour nous aider à trouver notre voie dans le brouillard.

7

Un nouveau regard

Méditations

C'est une ancienne petite chapelle qui jouxte notre maison. Sur une mezzanine à laquelle on accède par un escalier de bois, un bureau, mon PC avec deux écrans ; au mur, des bateaux et, dispersés partout, des myriades d'objets rappelant les moments heureux partagés avec mon équipe : c'est mon domaine – en fait, mon bureau du week-end, où je travaille quand je ne suis pas à Saint-Herblain. Ce dimanche de décembre, bercé par la pluie qui crépite sur les vitres, je m'efforce, avec peine, de ne rien laisser passer du livre que m'a envoyé mon ami Hervé : *Freedom, Inc.*, d'Isaac Getz et Brian M. Carney [1].

1. Cet ouvrage a depuis été publié en France : *Liberté & Cie. Quand la liberté des salariés fait le succès des entreprises*, Fayard, 2012, traduction Odile Demange ; Flammarion, « Clés des Champs », 2016.

Je ne maîtrise pas suffisamment l'anglais pour comprendre, en langue originale, toutes les subtilités d'un livre de management. A fortiori si celui-ci ouvre les portes de nouveaux paradigmes. Le titre, évidemment, m'a aussitôt accroché, et je sais que ce bouquin recèle pour moi des trésors. Mais, au rythme où je vais, il me faudra encore des semaines pour bien le digérer.

Ce livre est arrivé il y a quinze jours par la poste, en réponse à un envoi groupé que j'ai fait, courant octobre, à une quarantaine de copains patrons de boîtes. Obéissant à je ne sais quelle intuition, j'ai commandé quarante exemplaires de *La Belle Histoire de Favi*, de Jean-François Zobrist, que j'ai aussitôt expédiés, assortis de cette dédicace volontairement sibylline : « Une belle histoire à lire… Une belle histoire à écrire ? » Prosélytisme ? Pas vraiment. Plutôt besoin de partager ma découverte, de nouer un dialogue pour avancer. Si seulement je pouvais rencontrer les auteurs de *Freedom, Inc.* ! A priori, rien d'impossible : contrairement à ce que j'imaginais, je découvre que l'un des deux, Isaac Getz, vit en France. Il est même professeur à l'ESCP Europe, en Leadership et Innovation. Je lui ai écrit. Et, en attendant, je potasse. Douglas McGregor, Bill Gore, Harley Davidson et bien d'autres… dont Favi, encore, le grand exemple français : de ces trajectoires diverses que dépeignent Getz et Carney se dégage une philosophie dont j'absorbe les rudiments avec avidité. Alliant rigueur académique et vivacité d'écriture, les deux coauteurs ont réalisé une véritable bible de l'entreprise libérée, recensant les expériences majeures dans le monde entier pour en dégager des principes au-delà des multiples singularités.

Entreprises X, entreprises Y

Des principes aussi révolutionnaires que le tout simple « L'homme est bon » de Jean-François Zobrist. Par exemple celui-ci, théorisé par un célèbre professeur au MIT, spécialiste du comportement organisationnel, Douglas McGregor : l'homme aime naturellement le travail autant que le loisir. Pourvu qu'il soit placé dans des conditions adéquates, il y voit un moyen d'épanouir sa créativité et il recherche les responsabilités. Un tel principe va évidemment à l'encontre de la croyance qui fonde les entreprises ordinaires depuis le XIXe siècle, celle selon laquelle l'homme éprouve une aversion spontanée pour toute forme d'effort et fuit comme la peste tout ce qui ressemble à une responsabilité. Ces entreprises classiques, McGregor les estampille de la lettre X, et il baptise

Y celles – beaucoup plus rares, et surtout plus récentes – qui se fondent sur la vision opposée de la nature humaine.

De ce point de départ découle tout le reste – le management. Dans le cas des X, ce dernier sera structuré par la contrainte : comment obtenir que des rebelles au travail participent efficacement à l'effort productif ? Par la contrainte : en les bridant, en les contrôlant. En leur promettant le bâton s'ils ne donnent pas satisfaction, la carotte s'ils font bien. Focalisées sur le « comment », les entreprises X déploient des trésors d'imagination pour créer des structures capables d'empêcher leurs salariés de nuire : organigrammes truffés de « services » en tous genres voués à anticiper et à corriger l'erreur, process minutieusement prédéfinis que chaque salarié se doit de suivre à la virgule près. À l'inverse, l'entreprise Y ne s'intéresse qu'au « pourquoi » : pourquoi travaillez-vous, pourquoi travaillons-nous ? Que cherchons-nous à obtenir par notre effort collectif ? Si la réponse commune suscite le désir, les salariés mettront non seulement du cœur à l'ouvrage, mais aussi de l'intelligence et de la créativité. À condition, bien sûr, d'évoluer dans un contexte favorable, respectant leur besoin de liberté et d'équité. Un tel raisonnement fait écho au témoignage de Jean-François

Zobrist ; son aventure semble en être l'illustration.

Mais ce que je découvre en lisant le livre d'Isaac Getz, c'est que l'exemple de Favi n'a rien d'isolé. Bien avant lui, ailleurs, en particulier aux États-Unis, d'autres chefs d'entreprise ont fait le pari du système Y. Avec à la clé une réussite qui les a inscrits parmi les légendes. « Des patrons d'exception ! » objecteront certains. Et l'exception, comme le dit l'adage, ne fait que confirmer la règle...

Une étude de l'institut Gallup, le « Q12 », me donne sur ce point matière à méditer. Les salariés s'y trouvent répartis en trois catégories, définies par leur niveau d'engagement dans leur travail et dans leur entreprise. « Engagés », les premiers se donnent pleinement à leur tâche, y investissant leur énergie sans compter. Ils prennent plaisir à ce qu'ils font. « Désengagés », les seconds considèrent que leur vraie vie commence après 17 heures : simple gagne-pain, le travail est indispensable pour nourrir leur famille, ils s'en acquittent en faisant simplement ce qu'on leur demande. Leur plaisir sera de s'engager ailleurs – dans des associations, des clubs ou en famille. « Activement désengagés », les troisièmes vivent dans la colère et le ressentiment leur séjour quotidien entre les murs de l'entreprise. Loin de chercher à la servir, ils n'ont en tête que de se venger d'elle en trichant, en resquillant ou en semant la discorde. Jusque-là, rien d'aberrant. Mais c'est en lisant les résultats du sondage que je suis estomaqué. Il en ressort en effet qu'en France seuls 9 % des salariés sont dits « engagés ». Nettement minoritaire, leur effectif représente à peine plus du tiers de celui de la troisième catégorie, les toxiques, « activement désengagés » – 26 %. Dans leur immense majorité – 65 % –, les salariés français vont dans leur entreprise sans enthousiasme ni révolte, l'esprit ailleurs : ils sont « désengagés ». Ce brillant palmarès, je le constate avec stupeur, place notre pays bon dernier en Europe, le Danemark caracolant en tête avec 21 % d'engagés, suivi de peu par l'Espagne. Quant au premier mondial, les États-Unis, il totalise 30 % d'engagés.

Si ces éléments me confortent dans ma résolution de libérer Chrono Flex, plus que jamais je ressens le besoin d'alimenter ma réflexion par des sources d'inspiration. En septembre, une équipe emmenée par Jérôme et Aude a visité Favi, et en est ressortie transportée. Émerveillée. Pas question, pour autant, de copier-coller son fonctionnement. Car, parachuté DG de Favi à l'âge de trente-neuf ans, Zobrist a d'emblée opté pour un fonctionnement « libéré ». Il n'a jamais joué dans la cour des X, contrairement à moi, qui affiche un passif de quinze années de management directif. Ma lecture des parcours de vie de Bill Gore, de Gordon Forward, de Bob Koski, de Kiyoshi Furuta a beau m'interpeller, elle me laisse plus que jamais sur ma faim. Si j'apprécie les belles histoires, je suis d'abord un pragmatique. Comment ces hommes, pour la majorité d'entre eux américains, s'y sont-ils pris au quotidien ? J'aimerais les interroger, observer de l'intérieur le fonctionnement de leurs entreprises. Mais il y a un océan entre nous… En attendant, je peux au moins essayer de mettre la main sur cet Isaac Getz.

J'ignore encore que je le rencontrerai enfin, une dizaine de jours plus tard. Et même mieux : qu'à l'issue d'une longue après-midi à deviser ensemble, au début du mois de mars 2011, nous lancerons bientôt une communauté réunissant les patrons d'entreprises libérées.

Via 7 : Le cercle des leaders libérateurs

Pour un chef d'entreprise, la libération de sa boîte est paradoxalement une aventure à la fois collective – cela semble évident – et personnelle – on s'en doute beaucoup moins. Collective, je découvre grâce à Isaac qu'elle l'est à deux titres.

Certes, le processus qu'il s'agit de mener à bien consiste à remettre aux salariés les pouvoirs qui étaient jusqu'alors concentrés dans les mains de quelques-uns. « Passer du pouvoir du père au pouvoir des pairs », comme le résume très bien mon ami Olivier Pastor, spécialiste des nouvelles formes d'organisation et cofondateur de l'Université du Nous. Un parcours de longue haleine, qui repose sur l'écoute, la confiance et la concertation. Mais ce n'est pas tout. J'apprends que, outre Jean-François Zobrist, qui vient tout juste de prendre sa retraite, quelques autres patrons de boîtes s'engagent actuellement sur ce chemin. J'insiste sur le mot « chemin » : Isaac Getz le précise très vite, la libération n'est pas un but qu'on puisse un beau jour se targuer d'avoir atteint. Il s'agit d'un éternel cheminement, fait de constantes adaptations et remises en question.

Longue silhouette émaciée, tignasse ébouriffée, à bientôt cinquante ans, Isaac a la dégaine d'un éternel étudiant. À sa façon, il est aussi décalé dans le milieu du business que Zobrist dans celui de l'industrie – ce qui n'est pas pour me déplaire. Nous sommes donc quelques-uns, m'explique-t-il, à nous frayer, de manière empirique, une voie sur un terrain quasi vierge. Tous inspirés d'une même philosophie, ignorée des écoles de management, dont Isaac est un des rares théoriciens. L'idée germe aussitôt dans ma tête : au lieu de tracer chacun sa route en solitaire, pourquoi ne pas mettre en commun nos expériences – nos tâtonnements, nos trouvailles, nos interrogations ?

Lancée à la fin de notre conversation, cette suggestion ne semble pas lui déplaire. Un groupe de réflexion et de partage d'expérience, réunissant des patrons en voie de libération… C'est faisable, oui, pourquoi pas. D'ici quelques jours, promet-il, il me rappellera pour donner sa réponse. Quand nous nous séparons, il se fait déjà tard. Ensemble depuis le déjeuner, nous n'avons pas vu passer l'après-midi, emportés que nous étions par le feu de nos échanges. Avant de quitter le bistro où il m'avait donné rendez-vous, à deux pas de la place de l'Étoile, je prends congé de celui qui deviendra bientôt un de mes plus proches complices. Décidément, me dis-je, l'avenir reprend des couleurs…

Mon intuition ne me trompe pas. Isaac me rappellera peu après, et le cercle, plus tard nommé « Via 7 », verra le jour dès mai 2011. Au fil des mois, notre communauté s'agrandira. Initiée avec Laurent Marbacher, qui accompagne le biscuitier Poult dans sa transformation depuis dix ans, Michel Long, DG de Mecabor en quête depuis des années de l'entreprise idéale, et Frédéric Lippi, de l'entreprise éponyme spécialisée dans les clôtures, elle sera bientôt rejointe par Christophe Collignon d'IMA Technologies, un ami de longue date qui officie dans les centres d'appels. Puis viendront Mehdi Berrada de Poult, Yann Trichard de SYD Conseil, entreprise du monde de l'informatique et des télécommunications, Henri van de Kraats d'IMA Benelux, Stanislas Desjonquères de Biose, spécialiste du microbiote… Plus tard enfin, Nicolas Hennon de Kiabi et Laurent Ledoux, ancien président du ministère belge des Transports et de la Mobilité. Depuis 2011, nous nous retrouvons six fois par an pour partager nos cheminements, nos difficultés, nos joies et nos peines. Notre libération leur doit beaucoup…

Une révolution silencieuse

Pendant dix-huit mois, il ne se passera rien dans le groupe Inov'On. C'est du moins ce que vous dirait n'importe lequel de nos équipiers, en cette année 2011. Les techniciens dépannent. Les filles du CRC gèrent les demandes d'intervention au téléphone. Les gars de l'atelier réceptionnent, rangent et expédient. L'équipe de la compta épluche les factures. Les Codir du lundi s'enchaînent à la queue leu leu. À Saint-Herblain, le train-train se poursuit. Il y a bien quelques petites nouveautés, comme cette chaussure qui trône, insolite, dans le hall. Régulièrement, les équipiers viennent y déposer les « petits cailloux » qui les empêchent de marcher. Nous nous sommes engagés à résoudre les problèmes sur-le-champ et nous tenons parole. Adieu les irritants ! C'est bon pour le moral. Depuis avril, nous avons bouclé le chantier « Vision et valeurs ». C'est désormais officiel, nous voilà tous réunis par une vision commune au groupe : « la passion d'entreprendre différemment pour la réussite de notre client ». Chaque entreprise – nous l'avons vu pour Chrono Flex – décline dans le même temps sa vision spécifique, en fonction de son métier. Et nos quatre valeurs posent la règle du jeu du collectif. Concrètement, en quoi le quotidien s'en trouve-t-il transformé ? Rien qui affecte nos process, mais un esprit qui commence à changer. Une engueulade, le ton qui se met à monter, et le rappel jaillit : « Équipe respectueuse et responsable ! » lancera un témoin qui passe par là. Petit à petit, les équipiers s'habituent à être souvent consultés pour prendre, ensemble, des décisions qui auparavant relevaient de la seule hiérarchie. Nous commençons pour notre part à prendre le réflexe de solliciter systématiquement le collectif. Témoin – exemple parmi d'autres – l'épisode des chaises ergonomiques.

Les chaises ergonomiques
ou la magie du lâcher-prise

Un beau jour, Pascaline, qui gère l'équipe relance au sein du service facuration, déboule dans le bureau de Vanessa. Elle souffre terriblement du dos, et il y a des mois que ça dure. Pourrait-on remplacer sa chaise par un fauteuil ergonomique ? Vanessa demande à notre fournisseur de nous en mettre un en dépôt. Très vite nous est livré un beau siège d'un orange éclatant. On ne voit que lui. Chacun de s'extasier... et de l'essayer à son tour. Je blêmis. « Vanessa, combien ça coûte, ce truc ? » Nous sommes encore « dans le dur » sur le plan économique. Lorsque vous avez du mal à payer les salaires, vous comptez les centimes. « 395 euros la chaise, j'ai négocié de mon mieux », me répond Vanessa. Mon sang ne fait qu'un tour : il y a cent personnes sur le site de Nantes ; si tout le monde réclame une chaise semblable, c'est du 40 000 euros – le coût d'un salaire annuel et demi ! Je sens le piège arriver à grands pas. Sans vraiment réfléchir, je fais le tour des bureaux en demandant à chaque équipe si un volontaire accepterait de me rejoindre pour trouver une solution à un problème que je n'arrive pas à résoudre. La réunion a lieu séance tenante. Au bout de quarante minutes, le groupe est parvenu à la conclusion suivante :

– seules les personnes qui ont un mal au dos récurrent sont concernées ;

– comme nous faisons confiance, nous n'avons pas besoin de certificat médical : il suffit que les concernés se déclarent et nous les croirons ;

– nous demanderons lundi matin à chaque équipe de nous dire combien de personnes sont dans ce cas ;

– lundi soir, nous nous retrouverons dans cette même pièce pour partager les résultats. Si le nombre est inférieur à dix, nous achèterons les sièges. Supérieur, en revanche, nous devrons trouver une autre solution.

Le lundi soir, l'affaire est réglée : quatre sièges, en tout et pour tout ! Je n'en reviens pas. Si j'avais imposé moi-même cette décision, j'aurais dû m'en expliquer durant des années. En m'en remettant au collectif pour résoudre le problème, je l'ai fait disparaître du même coup. Magie de la responsabilité...

Magie, vraiment ? Ce dont nul ne se doute, c'est du travail phénoménal sur soi-même que doit réaliser un dirigeant pour adopter une telle posture. Lâcher prise. Ne plus contrôler. S'empêcher d'agir. Je n'oublierai jamais cette histoire !

Une révolution intérieure

Cela m'est apparu très vite : je suis le pire ennemi de la libération. Hyperactif, hyper exigeant et surtout impatient, je pense en général que je détiens la bonne réponse aux questions qui se posent. Or, si je compte libérer ma boîte, je dois m'empêcher de trancher pour les autres. Me contenter de les guider pour les aider à trouver eux-mêmes la bonne solution. Renoncer à ma posture verticale de patron « omnisachant, omnipotent » pour adopter humblement celle d'une oreille à l'écoute. Un supplice.

« Si tu veux changer le monde, qu'es-tu prêt à changer en toi ? » demande à juste titre Gandhi. Pendant cette année 2011, cette question ne cessera de me hanter. Ce travail sur moi-même, très vite je comprends que je n'arriverai pas à le mener seul. Je dois me faire aider. Jean-Loup Péguin sera l'homme qui m'accompagnera sur ce long chemin.

Chaque mois, trois heures de mon emploi du temps sont réservées à ma séance de coaching. C'est gravé dans le marbre. Pas question d'y déroger. Plantant là les affaires en cours, je saute dans ma voiture pour rejoindre Jean-Loup, parfois à Rennes, le plus souvent à Nantes, où il a loué un bureau. Jamais à Saint-Herblain, encore moins chez moi – le lieu doit être neutre. Trois heures consacrées à un sport que je n'ai jamais pratiqué : l'introspection. Se poser pour parler de soi, interrompre un moment la frénésie d'action. Prendre le temps de répondre à des questions en apparence toutes bêtes. Par exemple, celle-ci : « Quel est ton rêve de toujours ? » Construire de grandes choses. Si je pense l'avoir atteint ? J'hésite. Il y a trois ans, j'aurais répondu oui. Mais à présent, à la tête d'une entreprise menacée par le dépôt de bilan… À vingt ans, je m'étais promis qu'à quarante je serais capable de partager ma vie en deux : six mois consacrés au travail ; six mois à parcourir le monde sur un grand bateau. Mon rêve : faire construire mon propre bateau, un Explorer à voile, doté de ses « gadgets » pour parcourir le monde ! Un rêve d'ado qui berce encore souvent mes nuits. « Quel âge as-tu ? » Tout juste quarante ans. Silence.

De séance en séance, je me découvre. J'identifie mes *drivers*, ces messages puissants qui, de façon plus ou moins consciente, déterminent notre action : « Dépêche-toi », « Sois parfait ». Selon les moments, ils sont aidants ou limitants… Depuis toujours, je me projette dans l'avenir. Rien d'utopique : je sais imaginer le monde que je veux, et j'ai l'idée très claire du chemin pour y parvenir. Gros bosseur, j'ai la conviction que travailler vite, bien et beaucoup me donne le coup d'avance. Je passe facilement d'une entreprise à l'autre, j'ai de l'imagination, et j'aime par-dessus tout que mes décisions débouchent rapidement sur des actions concrètes. D'où mon besoin de contrôle et de précision, afin de m'assurer que tout se déroule comme je l'ai prévu. Mais, avant de rencontrer Jean-Loup, je n'avais jamais vraiment réfléchi aux conséquences de cette manière d'être sur mon entourage. Ce doit être épuisant !

Guidé par mon coach, je mets à profit l'intervalle entre deux séances pour me livrer à quelques exercices. Apprendre la posture « méta » : pendant une réunion, je me dédouble, m'observant à distance en train de parler et d'agir. Mes tics de langage, mes maladresses me sautent aux yeux : « Il faut que… », « Il suffit de… », « Fais remonter l'information… ». Ces tournures qui assènent l'autorité d'un chef, je m'applique, non sans peine, à les bannir de mon vocabulaire. À remplacer les impératifs par des invitations : « Je t'encourage à… » Mais le plus terrible, le pire, est de m'empêcher de parler pour écouter. Ne pas interrompre ce collaborateur qui vient me consulter parce que j'ai déjà tout compris au bout de quelques mots et que je suis pressé. Le laisser m'exposer le problème à son rythme. Et, quand il a fini, surtout ne pas répondre, mais au contraire l'interroger, en lui rappelant la vision de l'entreprise, ses valeurs. C'est terrible, au début. Mais force m'est de reconnaître qu'*in fine* je ne perds pas mon temps : ces moments de dialogue m'en apprennent autant sur mon mode de fonctionnement que sur la personnalité de mes équipiers. Peu à peu, je m'éveille à l'autre et je découvre – à quarante ans passés, il était temps… – que le monde n'existe pas seulement à travers mon regard ; j'explore mes points faibles et j'apprends à lâcher prise. Cette métamorphose, je ne suis pas seul à la vivre. Jérôme, Claudio, Aude, François, Morgan, Anne, Vanessa, tous entreprendront, cette année-là, un travail en profondeur avec un coach.

À l'insu de tout le monde, sans faire de bruit, nous préparons notre libération.

8

Le grand saut en parachute

Ce n'est qu'un au revoir

C'est un matin d'été comme tous les matins. Déjà haut, le soleil éclabousse de lumière les peupliers qu'incline la brise venue de l'océan. Sur le parking de Saint-Herblain, Christophe s'affaire autour d'un camion. Arrivé à sa hauteur, je freine pour le saluer : « Comment ça va, les préparatifs ? » me lance-t-il avec un clin d'œil. « Ça avance ! réponds-je en riant. On gère les derniers détails. » Avisant une place, là-bas au fond, je m'y gare. Dernier jour avant le départ. Je n'ai pas pu résister à la tentation d'un ultime petit tour, bien que mes adieux officiels soient déjà faits. Demain, à la même heure, je serai à quelques milliers de kilomètres, direction : le Québec. Des vacances, déjà ? Si l'on veut. Je décroche pour un an. Un an de tour du monde avec Steph et nos trois enfants.

Pour la dernière fois, je monte l'escalier extérieur en colimaçon jusqu'au premier étage. « Qu'est-ce que tu fous là ? me lance Jérôme en manquant me percuter dans le couloir. Tu as oublié tes tongs ? – Non, mon maillot de bain ! » Machinalement, je jette un œil à l'écran mural dans le grand bureau paysager. Cent vingt-sept appels... Pas trop mal, pour un milieu de matinée. Les filles du CRC m'adressent de grands signes joyeux. Elles vont me manquer. Et les autres aussi... Quitter la boîte, six mois à peine après avoir fait le grand saut ? Mes séances avec Jean-Loup, mon coach, depuis de nombreux mois, n'y sont pas pour rien. Fin 2011, j'ai lancé l'idée à Steph comme ça, sur une impulsion : et si on partait avec les enfants pour faire un tour du monde ? Un peu plus tard, je n'y pensais plus quand un de nos amis m'interpelle : « Alors, ce grand voyage ? C'est pour quand ? » Stéphanie lui en avait donc parlé ! Mon idée lui plaisait, elle l'avait adoptée... C'est ainsi qu'un soir de décembre 2011 nous avons installé dans le salon un planisphère et des boîtes de punaises. Et nous avons dit aux enfants : « Si un jour nous faisions le tour du monde, où aimeriez-vous aller ? » D'abord incrédules, ils se sont piqués au jeu. En quelques jours, la carte s'était couverte de centaines de punaises.

Cette idée, folle en apparence, est le fruit d'une année de remise en question et de maturation. On ne regarde pas impunément au fond de soi. De vieux rêves émergent, qu'on croyait oubliés et qui se révèlent essentiels. Partir, voyager… Une fuite ? Sûrement pas. Une nécessité, pas seulement pour moi, mais pour mon entreprise. On a beau effectuer un travail sur soi, certains blocages perdurent. Des habitudes difficiles à chasser. Pour s'en débarrasser, rien de tel qu'une vraie coupure. Si je quitte ma boîte, c'est pour la libérer de moi. Pour prouver à l'équipe, aussi, que je n'ai pas menti : nous entrons bel et bien dans une ère nouvelle, l'ère de la confiance. Inov'On, désormais, vous appartient. La preuve, je m'en vais en vous laissant les clés. À chaque « leader libéré » ses gestes symboliques. Certains arrachent les pointeuses, d'autres distribuent des battes de base-ball et proposent aux équipes de briser toutes les caméras de surveillance de l'usine. Moi, je pars faire le tour du monde pour démontrer que je sais vraiment faire confiance.

Mes pas, sans que j'y pense, me conduisent vers ce qui, naguère, était mon bureau. Une demi-douzaine de personnes y discutent avec animation, assises autour d'une petite table basse où sont posés des gobelets. Disparu, le bureau qui fut le mien pendant dix ans. Il y a trois mois, je l'ai déménagé, pour le remplacer par des étagères et des meubles Ikea que je suis moi-même allé acheter, un jour, entre midi et deux. J'étais prêt pour cela. Personne, pourtant, ne m'avait rien demandé. Le chantier « Signes de pouvoir » n'avait mentionné ni cette grande pièce que j'occupe depuis notre installation à Saint-Herblain, ni la place de parking où je me garais systématiquement, près de la porte principale. Mais, pour moi, ça allait de soi. Alain, mon vieux complice des débuts, un des premiers Techs que j'ai embauchés, en pleurait presque. Démonter le bureau de son patron pour en fairc une salle de réunion ? Il ne comprenait pas. Il m'a pourtant offert son aide, spontanément, en me voyant batailler tout seul avec mes meubles en kit. Désormais, je n'ai plus de bureau. Je me pose ici ou là, où je trouve de la place.

Ma seule vraie, grande préoccupation, en cette veille de départ : je laisse derrière moi un énorme chantier en friche, hautement stratégique pour Inov'On. Un groupe de décision dénommé « Bien-être » a entrepris de remettre sur le tapis le mode de rémunération. Ensemble, ses membres s'apprêtent à le réinventer, et je serai à des milliers de kilomètres… C'est Caroline, une des co-animatrices du groupe, qui m'a annoncé la nouvelle il y a quelques jours : « Nous avons décidé de refondre le système de rémunération ». J'ai accusé le choc. « Tu es sûre qu'il n'y a pas de sujet plus simple pour vous faire la main ? – C'est l'attente d'une majorité des gars dans la boîte. » J'ai articulé avec peine : « Si tu y crois, fonce, je ferai tout ce que je pourrai pour vous aider. » Je garde le souvenir des deux changements de rémunération que nous avons opérés dans le passé. Une grande épreuve à chaque fois. Comment le groupe « Bien-être » va-t-il s'en sortir ? Quoi qu'il en soit, je n'y peux rien. Depuis le 7 janvier, date à laquelle l'entreprise a fait le grand saut, les groupes de décision… décident.

7 janvier 2012 : notre D-Day.

Nous n'en menons pas large…

Comment annonce-t-on à une entreprise qu'elle est libérée ? Grand soir ou pas, la tradition a parfois du bon, et nous avons choisi le jour de notre grand-messe annuelle, qui présente le double avantage de réunir tous les salariés et de leur offrir l'occasion d'une bringue endiablée. Après deux ans de crise, nous renouons enfin avec ce rituel, trop coûteux pour une entreprise qui comptait chaque sou. Ce jour se devant d'être mémorable, nous avons invité des danseuses brésiliennes. Après la grande annonce, nous danserons la samba. Pour l'heure, Jérôme et moi n'en menons pas large. Dieu sait, pourtant, que nous sommes sûrs de notre décision, et avec nous l'équipe de pilotage. Le moment est venu, nous le savons. N'empêche, pour la première fois, nous avons rédigé notre message. Fait unique dans tout mon parcours, ce soir, je n'improviserai pas. Quand il s'agit de galvaniser mes troupes, je me fie d'habitude à mon instinct, misant sur mon enthousiasme et mon naturel. Mais, cette fois, c'est trop risqué. Chaque mot compte et doit être pesé. L'entreprise libérée est d'abord un langage, qui prend le contrepied du discours habituel pratiqué dans le management. Toute connotation hiérarchique doit en être bannie. Pas question que les équipiers nous fassent « remonter » les informations que nous allons leur demander. « Partager », « co-construire », en revanche, oui… Le diable se loge dans ce genre de détails, c'est-à-dire partout.

Dans le grand complexe loué pour l'occasion, près d'Angers, au milieu d'un joyeux brouhaha, chacun s'installe à l'une des dizaines de tables dressées. C'est là que nous ferons la fiesta, ce soir. L'ambiance est bon enfant, comme d'habitude, tout le monde est heureux de se retrouver. Nous en avons tant bavé durant ces trois ans !

Balayant la foule du regard, je vérifie que nos responsables de région opérationnels sont bien là. Ce soir, leur rôle est capital. Eux seuls sont dans la confidence. Pas depuis très longtemps – juste trois mois. En octobre, nous leur avons fait part de notre décision : « Nous allons réorganiser Inov'On. Nous ne savons pas encore comment, mais une chose se précise : votre poste devrait disparaître. Nous vous proposons donc d'inventer le job de vos rêves dans l'entreprise. Vous ne changerez pas de salaire, vous garderez vos voitures. » Il était hors de question de nous séparer d'eux. Libération ou pas, tout le monde reste dans le bateau ! Mais je n'avais pas conscience du choc que j'avais initié. Pour ma part, j'aurais adoré qu'on me propose de « créer le job de mes rêves »... Mais ce n'est pas forcément le cas de tout le monde.

En ce 7 janvier, Olivier n'a toujours pas trouvé. Qu'à cela ne tienne, nous lui donnons trois mois supplémentaires pour mûrir, en gardant l'intégralité de son salaire, cela va de soi. Renaud est encore là, mais plus pour très longtemps : c'est décidé, il profite de l'occasion pour se lancer enfin et monter sa boîte. Serge, lui, rejoint l'équipe commerciale. Quant à Mathieu, il relève le défi d'accompagner les troupes sans les diriger. Pas plus que lui je ne devine la reconversion qui l'attend, d'ici un an et demi : après six mois de formation, il deviendra notre coach interne. Dans le filage millimétré de la soirée, tous quatre doivent intervenir dès le début, pour annoncer aux équipes rassemblées qu'ils changent de métier. À partir de maintenant, il n'y a plus de chefs… Nous allons pouvoir réinventer ensemble l'entreprise.

Il était treize capitaines…

Si nous nous attendions à une liesse générale, c'est raté. Un silence perplexe accueille nos discours. Des regards s'échangent, dubitatifs. Imperturbable, je projette sur l'écran l'image d'un porte-avions en train de gîter dangereusement, à côté d'une flottille de petits bateaux à moteur. « Nous vous proposons de mettre au rebut ce porte-avions qui a démontré son manque d'agilité durant la crise. À la place, vous êtes invités à construire une armada de speed-boats, légers et rapides, tous ensemble au service de la vision. » Chaque table se voit distribuer une carte de France. Première étape : choisir combien il nous faut de speed-boats. Cette partie concerne évidemment les techniciens, à qui nous demandons de découper la carte de France. Les équipes support passent de table en table, offrant leur aide à ceux qui le souhaitent. Comme nous l'espérions, cet objectif commun et bien concret met aussitôt les équipes en mouvement. Quarante minutes plus tard, voilà la carte de France proprement découpée en treize régions (nous en comptons trente-deux actuellement). Avec Jérôme, nous reprenons la parole : « Nous le savons tous, sur un bateau, il faut un capitaine. Quel profil et quel rôle doit avoir ce capitaine ? » Par un simple jeu de Post-it, tous les présents s'engagent et, trente minutes plus tard, le profil émerge. Reste alors à passer aux élections. Nous précisons les règles du jeu que nous avons fixées : le capitaine d'une équipe n'est pas nommé à vie, mais seulement pour trois ans. Égal de ses coéquipiers, il n'assume aucun pouvoir hiérarchique. Son rôle est d'animer le groupe en s'assurant que chacun travaille au service de la vision et des valeurs de l'entreprise. Il n'est pas non plus candidat : c'est aux équipiers de choisir celui qui leur semble le plus apte à remplir cette mission.

Je ne m'étendrai pas ici sur le processus qui a mené 220 techniciens à élire, en à peine trente minutes, les treize d'entre eux qui piloteraient l'armada de Chrono Flex. Ce thème sera développé plus loin [1]. Qu'il me suffise de dire qu'à la fin de la soirée Chrono Flex s'était transformée en une flottille de speed-boats nantis chacun d'un capitaine et dotés d'un même cap : la vision. Avec pour carte de navigation les quatre valeurs de l'entreprise.

En une heure et demie au total, nous avions fait renaître Chrono Flex.

Ce 7 janvier 2012, incontestablement, fut un temps fort de ma vie. Le plus beau jour ? Probablement pas. Six mois plus tard, à la veille de mon grand départ, je garde le souvenir d'une grande appréhension. Ceux qui ont, une fois dans leur vie, sauté en parachute comprendront cette sensation mêlant excitation et pure panique. Une fois lancé dans le vide, plus moyen de revenir en arrière. En quelques heures, nous avions tout lâché. Certes, nous avions balisé le terrain. Quelques semaines avant le D-Day, nous avions sollicité tout le monde : sur quels sujets de fond souhaiteriez-vous travailler, afin de nous aider à faire progresser l'entreprise ? Vingt thèmes ont émergé, qui furent proposés aux équipes le 7 janvier, juste après l'élection des

1. Voir *infra*, p. 263-264.

capitaines. « Système d'information », « Véhicules d'intervention », « Démarche commerciale », « Bien-être dans l'entreprise »... C'est ce dernier qui nous donne aujourd'hui tant de souci, puisqu'il s'est fixé pour première mission de refondre la rémunération du groupe.

On apprend en marchant

Si j'en juge par ces six derniers mois, j'ai tout lieu de m'inquiéter. Les vingt thèmes choisis étaient censés donner matière à vingt groupes de travail, constitués de volontaires. Pour clore notre meeting d'Angers, nous avons donc invité les équipiers à s'inscrire – s'ils le souhaitaient – sur l'un des vingt paperboards disposés à leur intention. Un thème par paperboard. Quatre-vingt-dix-huit pour cent des équipiers se sont inscrits : devant un tel élan, nous nous sommes réjouis. Dans la foulée, chaque groupe a élu son animateur. D'où vient alors qu'au bout de deux ou trois mois rien ou presque ne soit sorti de ces groupes censés redéfinir les grandes lignes de l'entreprise ? Le fiasco complet. Pourtant, notre message était clair : quoi que vous décidiez, nous le mettrons en place. De quoi donner envie de s'investir ! Nous avions seulement oublié un point majeur : former... La bonne volonté ne faisait pas défaut. Mais les animateurs n'avaient jamais appris à animer.

Après un an et demi de coaching et stages en tout genre, mes copilotes et moi avions acquis quelques rudiments de cet art délicat qui consiste à faire émerger l'intelligence d'un collectif. Mais nous avions, grosse sottise, omis d'initier aussi nos équipes. Il nous revenait donc de les faire peu à peu monter en compétences. Dès avril, Aude, Claudio, Jérôme et Vanessa s'y sont collés, découvrant du même coup à quel point la libération transforme la nature des tâches dévolues aux cadres de naguère. S'ils ne dirigent plus, s'ils ne prennent plus de décisions, il leur incombe désormais de former leurs équipes à l'art de réfléchir collectivement. Ce qui est tout sauf évident quand on en est soi-même au stade de l'apprentissage, cumulant bévues et faux pas.

Une bourde parmi d'autres ? Le lancement de notre outil d'information interne, le Nocio. Sur ce coup-là, nous étions pourtant sûrs de nous, puisqu'il répondait à une demande expresse de l'ensemble des salariés, formulée à l'occasion du chantier « Signes de pouvoir », en 2010. Ce qui frustrait le plus l'ensemble de nos équipiers était la confiscation de l'information par quelques-uns, pour l'essentiel les *happy few* réunis chaque lundi en Codir. Chiffres, performances, décisions stratégiques : sur toutes ces questions et bien d'autres, ils rêvaient d'en savoir autant que nous. Afin de satisfaire sans tarder cette aspiration légitime, nous avons donc mis à profit l'année 2011 pour expérimenter plusieurs réseaux sociaux permettant de partager en temps réel toutes les informations du groupe. Notre choix final s'est porté sur Google+. Ouvert à tous, alimenté par tous, il permettait à chacun de partager les infos stratégiques, les chiffres, les nouveaux contrats, son quotidien et ses difficultés aussi. Sur le papier, un sans-faute, et c'est avec fierté que lors de la grand-messe d'Angers nous avons remis à chacun son pad tout neuf avant de lui présenter ce nouvel outil, appelé le « Nocio » (prononcer Nokio). Malgré un immense impact positif, on ne peut pas dire qu'au bout de quelques mois ce soit l'enthousiasme général : « Trop compliqué », « Trop de choses », « On ne s'y retrouve pas », entend-on régulièrement. Nous aurions dû l'anticiper, on ne passe pas si aisément de la sous-information à la surinformation. Comment former nos équipiers à cet outil qui deviendra, à terme, une merveilleuse « machine à café » ? C'était là un chantier prioritaire. Pour l'anecdote, la solution prendra la forme originale d'un tour de France en camping-car : en échange d'une vidange et de quatre pneus, un de nos équipiers acceptera de prêter son véhicule aux formateurs volontaires, qui iront ainsi prêcher la bonne parole au plus près du terrain.

Dans l'immédiat, nous pouvons déjà nous féliciter d'une mesure moins complexe, mais ô combien symbolique : dès le lendemain du grand saut, le sacro-saint Codir s'est ouvert aux équipiers qui souhaitaient y participer. Plusieurs sièges leur sont réservés. Depuis quelques semaines, je n'y mets plus les pieds, et il a d'ailleurs changé de nom pour se transformer en « brief », cessant officiellement d'être un lieu de pouvoir.

Il est temps pour moi, à présent, de m'éclipser. Au-delà des contacts réguliers que je garderai avec mon équipe, je vivrai désormais notre entreprise au rythme du réseau social. Je vais apprendre l'animation non présentielle ou l'art d'inspirer à distance, d'accompagner avec bienveillance, toujours, mais de loin… Pendant un an, je vais me consacrer à mon autre famille, celle que nous avons construite avec Stéphanie, et que j'ai trop souvent délaissée. Que retrouverai-je à mon retour ? Quel homme serai-je devenu ? Mon entreprise, libérée, va apprendre à grandir sans moi – et moi, sans elle… Je suis prêt. Cette fois, je lâche prise. Pour de bon.

Bye bye, Inov'On. À l'année prochaine…

Troisième partie

Portrait d'une entreprise libérée

9

Des équipes autonomes et responsables

Une organisation fractale

À l'heure où ce livre voit le jour, cela fait sept ans que le groupe Inov'On s'est engagé sur la voie de la libération. Qu'on ne se méprenne pas : qui dit « libéré » ne dit pas « oisif », et « libération » n'est nullement synonyme de « chaos ». Si vous franchissez un jour le seuil de notre site, à Saint-Herblain, vous y découvrirez une ruche affairée, avec ses espaces dédiés aux différentes activités qui font notre cœur de métier. Au rez-de-chaussée, le stock et ses étagères où sont rangées les milliers de pièces de rechange nécessaires au dépannage de flexibles hydrauliques. Chrono Box, où se fabriquent nos véhicules. Marge Up, où se négocient des contrats d'achat. Chrono Watt, où l'on planifie les interventions de montages électriques. Fruizz, où s'activent nos communicants. Une volée de marches, et vous arrivez à l'étage. Poussez la première porte en haut de l'escalier à vis, vous tomberez sur une douzaine de geeks rivés à leurs ordinateurs, face à un grand panneau mural recouvert de Post-it : Chrono Link. À quelques pas, dans un grand espace paysager, des dizaines de personnes réparties en îlots s'adonnent à leurs tâches respectives : ici, sur votre gauche, casque aux oreilles, les filles du CRC répondent aux appels et recherchent sur leurs écrans où s'affiche une carte géographique le technicien le plus proche du client en attente sur la ligne. À première vue, rien ne les distingue de l'îlot central – mêmes oreilles casquées, mêmes ordis allumés –, sinon que les écrans affichent ici factures et contrats : vous voici cette fois chez les ACS, attachés commerciaux sédentaires, chargés du service après-vente et de la négociation des remises. Enfilez le couloir de droite, jetez un coup d'œil à travers la vitre, et vous embrasserez d'un regard l'équipe de la comptabilité.

Accueil et orientation du client, commandes, contrats, factures et, dictant le tempo, le grand écran mural du CRC où s'inscrivent en temps réel les chiffres-clés : nombre d'appels reçus, nombre d'interventions effectuées… Comme partout, ces chiffres, on les espère le plus haut possible, signe que les clients sont là, que l'entreprise va bien. Une boîte comme les autres, en somme, où chacun vaque, au sein de son équipe, à ce pour quoi il est payé.

La différence ? Responsable, autonome, chaque équipe mène son activité comme elle l'entend pour servir le projet commun, sans avoir à en référer à quelque « n+1 ». À chacun son métier ; celui qui l'exerce est plus compétent que celui qui ne l'a jamais pratiqué, la remarque relève du simple bon sens. Reste à regarder tous ensemble dans la même direction, celle de la « vision de l'entreprise », guidés par les mêmes principes sacro-saints : les « valeurs » que l'on s'est ensemble choisies. Cela posé, vogue le navire.

Recrutement : un engagement solennel devant le collectif

Petite annonce, CV, lettre de motivation, premier entretien, deuxième entretien, période d'essai… Fief réservé des RH dans une entreprise classique, le recrutement consiste d'ordinaire à confier à des gens non spécialistes d'un métier le soin de choisir la personne qui sera la plus apte à l'exercer dans une équipe dont ils ne font pas partie. Une gageure, voire une aberration, que Jean-François Zobrist, avec son franc-parler coutumier, dénonce vertement : « Ressources humaines ? Les hommes ne sont pas du charbon ! »

N'importe lequel de nos Techs vous le dira : un bon dépanneur de flexibles hydrauliques sur site est d'abord… un bon mécano. BTP, agricole ou poids lourd, peu importe. Jusque-là, le CV classique garde son utilité. Mais un technicien Chrono Flex ne se contente pas de dépanner. Il doit gérer un atelier mobile et autonome. Assurer la commercialisation et la fidélisation de son service auprès des nouveaux clients. Maîtriser l'informatique embarquée. Gérer son stock et son poids de véhicule. Assurer des gardes de nuit et de week-end. Participer au collectif. Organiser son planning. À l'occasion, remplacer un collègue de l'équipe. De ce faisceau varié de compétences, de son engagement et du plaisir qu'il prendra dépendra la performance de l'équipe, sa cohésion. Autant dire que chacun des futurs coéquipiers se sent personnellement concerné.

Chez Chrono Flex, chaque équipe ou « région » se charge de recruter ses membres, qu'il s'agisse de remplacer un sortant ou de prendre la décision d'augmenter l'effectif. Ce nouvel arrivant, où aller le chercher ? Par petites annonces, pourquoi pas. Mais il y a encore mieux : la cooptation. Entre mécanos, on se connaît, grâce à plusieurs années de métier. Pas question, évidemment, d'introduire dans l'équipe quelqu'un qui n'a pas le sens du service et qui ne partage pas les valeurs de la boîte, sous peine de plomber l'ambiance générale. On ne se risque donc à coopter que si l'on est sûr de son choix, responsabilité oblige. Ce premier pas franchi, reste à se mesurer à la réalité. Trois jours de découverte avec trois membres de l'équipe, dans un véhicule d'intervention, permettent à la future recrue de se faire son idée sur le job qui l'attend. Certains en restent là, le plus souvent perturbés par la perspective de fonctionner sans directives, en toute autonomie. S'ils persistent, avant de signer, il leur faut convaincre l'équipe qu'elle fait le bon choix en misant sur eux... Rien de tel qu'un petit déjeuner ou un déjeuner tous ensemble pour se renifler à son aise. Passé cette étape cruciale, les RH entrent dans la danse. Non pour avaliser ou mettre leur veto, puisque l'équipe est seule décisionnaire, mais pour gérer l'intégration du nouvel équipier.

Recruter est un véritable savoir-faire. Pour parvenir à l'acquérir, les régions ont dû expérimenter, tester, rater. Dans chacune d'entre elles, un « Monsieur Recrutement » est volontaire pour assurer le job. Il participe à une communauté animée par l'équipe RH. Ensemble, ils travaillent à monter en compétence pour devenir chaque jour plus performants dans le recrutement de nouveaux équipiers. On imagine la frustration des équipes RH, conscientes que telle ou telle embauche ne fonctionnera pas sans pourtant parvenir à convaincre l'équipe. Mais, nous le savons tous, on n'apprend pas de l'expérience des autres. Chacun doit faire sa courbe d'apprentissage... Je cite volontiers à ce propos une mésaventure familière à tous les parents : celle de la cabane.

L'enfant et la cabane : laisser l'autre expérimenter

Nos enfants aiment construire des cabanes. Constatant les imperfections de l'ouvrage, l'adulte, évidemment, est tenté de mettre son grain de sel en donnant des conseils : « Regarde, si on faisait plutôt ceci ou cela... ça marcherait mieux, non ? » À cet instant, la messe est dite. L'enfant s'arrête immédiatement ; le sujet ne l'intéresse plus. En lui disant ce qu'il fallait faire alors qu'il n'avait rien demandé, en un clin d'œil, on l'a démotivé.

L'équipe RH ne s'y trompe pas, et elle ronge son frein jusqu'à ce que les régions lui demandent son avis. Quand elle le donnera, répondant à une forte attente, celui-ci sera accueilli avec toute l'attention qu'il mérite.

Commence alors la période d'essai. Dans une entreprise classique, le salarié, livré à lui-même, dispose de trois mois pour « faire ses preuves » – entendez : convaincre son chef qu'il a tout intérêt à le garder. Quant à assimiler les codes de sa nouvelle famille, il lui faut se débrouiller tout seul – observer, imiter, décrypter, en comptant sur d'hypothétiques bonnes volontés pour lui glisser au passage quelques tuyaux, souvent percés. Pour le guider dans ce brouillard truffé de chausse-trapes, au mieux disposera-t-il d'un organigramme, et encore, rarement à jour, assorti d'une liste de règles. C'est faire bien peu de cas de l'essentiel : l'âme de l'entreprise, ce collectif partageant une même vision.

Chez Inov'On, le « parcours d'intégration » dure quinze jours pour les équipiers, un mois pour les Techs qui assureront les dépannages. Une journée dans un véhicule d'intervention vous permet de découvrir et de comprendre le job. Vient ensuite l'immersion dans les différentes équipes du siège : le centre d'appels, qui accueille et gère les demandes d'intervention ; le service technique, qui assure les réapprovisionnements du réseau ; l'équipe de la compta, qui, non contente de gérer les finances, enregistre, génère et assure le suivi de 70 000 factures clients par an ; l'équipe Team Happiness (RH), qui accompagne l'intégration et les parcours de vie de 350 personnes ; l'équipe commerciale, qui cultive au mieux l'amour de nos clients. Mais aussi Chrono Watt, Chrono Link, Marge Up, Fruizz... toutes les entreprises d'Inov'On. Au terme de ce parcours, vous comprendrez mieux le fonctionnement du groupe, car ici point d'organigramme. Alors, et alors seulement, vous serez en mesure de vous engager.

« Engagement » : le mot peut faire tiquer par sa solennité et la connotation morale qui s'y attache. C'est pourtant bien de cela qu'il s'agit, et nous tenons à le signifier haut et fort. Chaque nouvel arrivant se voit initié par tous à la culture de l'entreprise. Puis, sa formation achevée, il est intronisé à l'occasion d'un rituel. Face à ses coéquipiers réunis, à l'issue d'un petit déjeuner, il prête serment : « En tant qu'équipier Inov'On, je sers la vision dans le respect des valeurs. J'accepte que la vision et les valeurs de l'entreprise soient désormais la règle du jeu entre moi et l'entreprise. » Sur ce, s'il est un technicien, on lui remet les clés de son camion et il part rejoindre sa base en région. Deux mois plus tard, c'est son équipe qui validera d'un commun accord sa période d'essai... Ensuite, pendant encore six mois, il sera doté d'un parrain, chargé de le guider dans son cheminement. Jérôme, Claudio, Benoît et moi rencontrerons, bien sûr, cette nouvelle recrue pour lui faire partager la culture atypique de notre entreprise, mais nous ne participons pas au processus de son recrutement. Et si le nouveau venu vient à décevoir, c'est à l'équipe seule qu'il reviendra de mettre le holà, en le recadrant, voire purement et simplement en interrompant son contrat.

Rémunération : un collectif soudé par le partage de la valeur créée

Le primat du collectif sur l'individuel constitue un des piliers de l'entreprise libérée. Notre credo : « Seul, on va plus vite ; ensemble, on va plus loin. » En quoi nous ne faisons que nous conformer à une loi de la nature, qui trouve sa meilleure illustration dans le vol des oiseaux migrateurs. Pour leur long périple, les oies cendrées ne se déplacent qu'en groupe, au prix, certes, d'une perte de vitesse – 24 % de moins que si elles volaient en solo –, mais avec un gain de distance de 70 %. Si les coureurs cyclistes roulant en peloton l'ont compris de longue date, les entreprises classiques, quant à elles, continuent, trop souvent, de miser sur la seule performance individuelle, transformant chaque équipe en terrain de compétition.

En partance pour mon tour du monde, je laissais un chantier en friche : celui de la rémunération. Je redoutais le pire ; j'avais tort. Car, instinctivement, les équipes ont compris que notre salut passait par le collectif. Hautement symbolique, la première décision fut de supprimer les innombrables primes qui existaient. Par la suite, nous avons réintégré dans le salaire fixe des hommes du terrain 30 % de leur variable habituelle. Pour finir, le collectif s'est mis d'accord sur l'idée d'un partage de la valeur créée. C'est ainsi qu'aujourd'hui nos techniciens empochent chacun 15 % de leur résultat mensuel individuel, puis se partagent à parts égales 15 % de celui de leur équipe. Enfin, chaque semestre, 15 % du résultat de chaque société du groupe est distribué à tous les équipiers, à parts égales toujours. Certes, ce dispositif n'est pas encore idéal, car il reste une part d'individuel, et donc d'individualisme. Mais, à l'époque, c'était la marche que le collectif était prêt à franchir. En toute logique, cette part individuelle finira par disparaître. D'ailleurs, preuve que l'esprit de groupe fait son chemin, plusieurs équipes ont récemment choisi d'expérimenter une nouvelle réduction de la prime individuelle au profit de l'intéressement collectif. J'en suis évidemment ravi.

Qui dit intéressement collectif dit en effet équipe soudée et solidaire. L'effort de tous profite à chacun. Qu'un équipier vienne à perdre pied, aussitôt son équipe lui vient en aide, ce qui résout bien des dysfonctionnements. Évidemment, il arrive parfois qu'un gars s'égare définitivement ; l'équipe décidera alors s'il faut ou non mettre un terme à son aventure au sein du groupe.

Pour autant, il serait injuste de ne pas prendre en compte le mérite individuel. Mais celui-ci ne se mesure pas uniquement aux résultats chiffrés : payer de sa personne pour faire progresser l'équipe, prendre une initiative pour servir la vision du groupe, participer au collectif – autant de services rendus qui méritent d'être salués et reconnus. C'est à quoi servent les augmentations, elles aussi dévolues au collectif. Après des tâtonnements, des tests, des échecs, le processus d'augmentation est désormais le suivant : chacun désigne, dans son équipe, les deux ou trois équipiers qui, selon lui, ont été les plus engagés au service de la vision. De chacune des quarante-cinq équipes du groupe émergent alors deux noms, qui sont remis à un « collège de Sages » – sept membres dont trois élus terrain, deux élus siège, un membre de l'équipe RH et un membre de la Team Inov'On [1]. C'est ce collège qui répartira l'enveloppe consacrée aux augmentations – en général 10 % du résultat net – hors dette senior, et déduction faite des augmentations de la masse salariale liées à l'inflation. Rien de subjectif dans les critères appliqués, qui prennent essentiellement en compte le niveau de salaire, l'historique des augmentations et l'évaluation effectuée grâce au dispositif « Talents et compétences [2] ».

Les équipes aux commandes

L'entreprise libérée se fonde sur le principe de subsidiarité : « C'est celui qui fait qui sait. » Mieux que n'importe qui au siège de Saint-Herblain, les techniciens du Var ou de Vendée connaissent leur métier, leurs clients, leur territoire, les aléas de la saisonnalité, les forces et les faiblesses, aussi, des membres de l'équipe qu'ils constituent ensemble. C'est donc à eux, plus précisément à leur collectif, qu'il revient de gérer ce

1. La Team Inov'On, ou TIO, est l'équipe d'animation du groupe. Elle réunit une partie de l'ancienne équipe de direction : Jérôme, Claudio et moi – ainsi qu'un nouvel arrivé, Benoît. Voir chapitre 12, « Des leaders pour mieux vous servir ».

2. Ce dispositif est décrit *infra*, p. 159.

qui, dans une entreprise classique, est dicté par la hiérarchie : recrutements, investissements, budgets annuels et objectifs.

Comme n'importe quelle entreprise, Chrono Flex a vocation à faire mieux chaque année. Faire mieux, pour nous, c'est avoir une équipe plus épanouie et servir notre vision de façon toujours plus efficace. C'est aussi, autant que possible, améliorer notre rentabilité. Augmenter le nombre de nos clients et le nombre de nos interventions présuppose à la fois d'effectuer un travail de prospection et de se donner les moyens, ensuite, de répondre aux demandes en respectant le délai promis par Chrono Flex – pas plus d'une heure entre l'appel au CRC et l'arrivée du technicien. Ce délai d'intervention très court (59 minutes en moyenne cette année), c'est notre façon de cultiver l'amour de nos clients. Nous sommes les seuls dans notre profession à mesurer cet élément, qui sert notamment d'indicateur aux équipes pour décider de nouveaux recrutements. Notre objectif étant de le réduire toujours plus, une équipe a toujours intérêt à s'agrandir. Les équipiers l'ont bien compris : intégrer de nouveaux collègues sur la région suppose peut-être de partager le gâteau en davantage de parts, mais c'est surtout la perspective d'augmenter la taille du gâteau !

Chaque équipe décide de ses investissements et construit son budget : c'est l'objectif cible. En général, elle fixe la barre haut, car un objectif cible ambitieux porte en lui la promesse d'un partage de la valeur créée plus gratifiant. Toutefois, l'assemblée mensuelle des capitaines peut exceptionnellement décider, pour toutes les équipes, le remplacement de l'objectif cible par un objectif vital, soit le strict minimum à atteindre pour que l'entreprise puisse faire face à ses engagements financiers. Dans les faits, le mode vital n'a été enclenché qu'une fois, en 2014 : les élections municipales avaient engendré un ralentissement important de l'activité TP en France, nous mettant en difficulté. En 2015, en revanche, toutes les équipes de techniciens se sont engagées à lancer chacune au moins un nouveau véhicule par an, assurant ainsi une progression annuelle minimale de 10 %. Rien n'empêche pour autant ceux qui se sentent le vent en poupe de pousser jusqu'à deux ou trois camions – donc deux ou trois recrutements. Pas besoin, pour ce faire, d'une quelconque autorisation : toujours préposé aux finances à défaut de les diriger, Claudio intègre les demandes au budget général – camion à commander, salaire supplémentaire à verser.